我不要當女人

My Life as a Boy

金・雀爾寧 著
李璞良 譯

宜高文化

我不要當女人

作　者：金・雀爾寧
譯　者：李璞良
發行人：賴任辰
總編輯：許麗雯
主　編：劉綺文
編　輯：呂婉君
行　政：楊伯江
出　版：宜高文化
地　址：台北市信義路六段29號4樓
電　話：（02）2726-0677
傳　真：（02）2759-4681
製　版：菘展製版
印　刷：松霖印刷
http://www.cultuspeak.com.tw
E-Mail：cultuspeak@cultuspeak.com.tw
郵撥帳號：19282592高談文化事業有限公司
圖書總經銷：成信文化事業股份公司
電　話：（02）2249-6108　傳真：（02）2249-6103
行政院新聞局出版事業登記證局版臺省業字第890號

2003年8月出版
定價：新台幣240元整

國家圖書館出版品預行編目資料

我不要當女人/金・雀爾寧 著. 李璞良 譯 --
初版. -- 台北縣新店市 ： 高談文化, 2003
【民92】
面； 公分
譯自：My Life as a Boy
ISBN 957-0443-81-2（平裝）
1. 雀爾寧（Chernin, Kim）- 傳記
2. 同性戀 - 美國 - 傳記
785.28　　92013102

目次

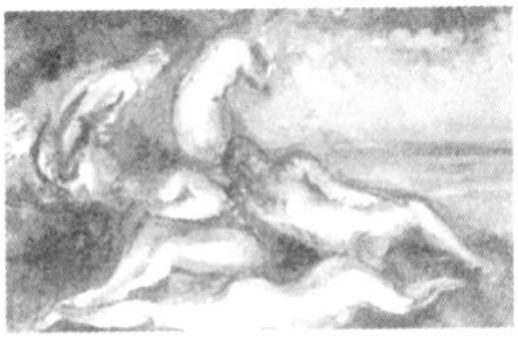

1 男女大不同

知道我過去的人從來沒想到我會變成個男孩。看看我們周遭，許多女人成了家之後，就開始安於現狀，假裝生活過得很豐富充實，我實在很不以為然。

先來介紹一下我的家庭成員，我的先生馬克斯留著一頭長髮，我的小女兒蘿瑞莎總是穿著襯衫和牛仔褲，至於我，則一年到頭都穿著長褲。在服裝上我們各擁所好，但是在七〇年代的柏克萊這個地方，總是會受到不少人的注目。當時，男人都留著鬍鬚，而女人不是披著蕾絲披肩，就是穿著民族風的特有罩衫，我們這一家子看起來真的有點怪。

其實，我從沒想過要變成男孩，但當時自己正處在一個危險邊緣：才三十多歲就到了空巢期，獨生女已經長大離家上大學去了。這個時候，會面臨到許多糾結難解的問題：想突破舊有的自己，也對突然而來的自由有所期待；因為孩子展翅高飛而落寞孤

獨，也開始思索母親這角色的意義，彷彿我也和女兒一樣，正準備要動身去追求自己新的人生。未來對我來說仍是個未知數，但回首前塵，卻沒有一件事是順心如意、心想事成的，不禁有虛度光陰的感慨。不過這一切都已經過去，現在機會總算來了。

當初我糊裡糊塗，在講不出個所以然的情況下，就披上嫁衣，現在，當然也沒有足夠的理由，可以說服我自己任性的拋夫棄女，從此渾渾噩噩度日。人都一樣，非得找到一個合理的解釋之後，才願意承認昨是今非，勇敢去改變自己的人生，所以當然春水無痕、古井無波，啥事都不會發生，徒然虛擲了大好時光。我可不希望自己重蹈這覆轍，也不希望自己一直窩在這個象牙塔內終老一生。

如果女人像我這樣，成了家、有了孩子之後才想要變身，那就表示她陷入了重重困境，很難擺脫掉層層的束縛，因此她需要男孩子的那種衝動和直覺，那種不造作的莽撞性格，或者說是耍「酷」吧！男孩子就是：絕對不會搬到隔壁和老媽同住，一輩子困守家園、生兒育女，而是時間一到，就一定會離開家鄉、出外闖蕩，會邁開大步迎向嶄新的世界，理由無他，就因為他是個男孩，翅膀一硬就要展翅高飛，任誰也擋不住，而他們沒有顧忌，也不會有其他的念頭。

我曾經目睹過許多男孩就這樣拍拍翅膀走了，也曾經看過他們在馬路中央飛快的騎著腳踏車、溜冰、飆車，或是在坡路上如入無人之境的到處衝來衝去，他們什麼都不在乎。對男孩子來說，外面的道路既寬且直，大可以直接走到門外，衝出這個樊籠，跑到山下去，衝進另一個花花世界。他們可以遠離周遭眾人的竊竊私語，躲開那些無謂的八卦，不顧一切、放心大膽地追求自己的未來，誰也攔不住。

當然我也見過女孩子溜冰或騎腳踏車，但沒有一個不是瞻前顧後、欲行又止的，因為，永遠都會有人站在門邊，等著她們回家，唯有聽到她們的開門聲，家人才會放下那顆懸著的心。總之，女孩永遠躲不開這樣的宿命。

尤其像我這種已經做了母親的女人，處境更是堪憐，她們知道每分每秒都會有人盼著自己回家、打電話來催駕，或是來個「溫馨接送情」，這就是身為女人的唯一意義，也是一個女孩未來的寫照。但男孩可就不同了，在我眼中，他們總是高談闊論，從不婆婆媽媽，只要自己高興，什麼事都做得出來，天皇老子都擋不住，因此不知讓多少老母為之心碎，讓多少倚門盼君歸的女孩子默默垂淚。理由很簡單，他們必須要去外面闖蕩，哪有閒功夫想那麼多。

當男孩子成熟長大，變成了男人，就不會再像過去那麼衝動，也不會到處惹事生非。可是身為女孩子就不會這麼輕鬆了，即使是在父親的庇護下長大成人，也要隨時提防街坊鄰居的閒言閒語。大家可能對一個女孩子的才華視若無睹，但不會洗衣燒飯的話則立刻傳為笑柄。在大家的眼裡，一位真正的藝術家，即便小孩子在旁邊哭鬧，也不會停下手中的畫筆，更不會抬起頭來看看四周的動靜，甚至專注到連睫毛也不會眨一下。因此如果根據這種說法，沒有一個女人會成為藝術家。

當然男孩和女孩小時候並沒什麼差別，可是一旦女性步入了人生的危險階段，就好像喪失了繼續做自己的理由或正當性，孩子離開了家、什麼人病了，或是上了年紀，妳就得侍候他們一輩子，至死方休。可見得變成女孩並不是一件值得慶幸的事，即使那種球技不輸男孩、知道如何打架、可以和男孩在田徑場上競逐的「女強人」，境遇也不會好到哪裡去，因為，這種「女強人」是不許哭的。如果她想離鄉背井，去追尋自己的未來，那就得犧牲愛情，不像同樣離鄉背井追尋未來的男孩，身邊永遠不會缺少鶯鶯燕燕。

換句話說，男孩子可以今天站在女朋友的窗外淋著雨，明天就可能在公車上盯住其

他女人，並且熱烈的展開追求，而「女強人」則不允許自己對其他人有這麼強烈的需要。男孩子被女朋友甩了後，可能以淚洗面，或打著赤腳在公園裡悵然若失地走了一夜，或是跳到冰冷的池子裡冷靜一下，總之只是要證明自己雖然年輕，卻會永遠愛著對方，然後重新出發。相較之下，「女強人」則得證明自己不需要任何人。

處在這種壓力下的女強人，會愈來愈像個冷酷嚴苛的男人，不復當年與男孩子在一起時的小鳥依人，無論是女強人抑或是冷酷嚴苛的男人，都不可能再擁有柔情似水的一面，而必須刻意維持自律的形象。反觀男孩子則不必如此犧牲，他們的矛盾性格很容易得到寬容，就算是他們依戀、執著於某些事物，也能合理的與其他事物一刀切斷。

2 我想成為男子漢

我和馬克斯在七〇年代初期買下我們的房子，當時沒有一扇窗戶是面海而開的，因此始終無緣一睹這片由歐帝加士官（Sergeant Ortega）在一七六九年，首次「發現」的廣大內海。歐帝加曾經率領手下，攀上東灣那片碧草如茵的斜坡，在這兒獵鹿。二百多年來，周遭的視野和景觀都沒什麼改變，尤其是起霧時，我相信他們在那兒所看到的，和今天我看見的相去無幾。

當年我們買下這間房子時，我就經常站在陽台上這麼問：「當時的景觀和今天依然相同嗎？」那時後老媽和老公並沒把我的話當真，但女兒卻知道我是認真的，當然，嚴肅而認真地看待一件事，並不表示事情就一定會照著自己的意思發展，只有老媽一直未能參透其中的道理。

每當老媽造訪我們家，我們就會到歐基里得大道玫瑰園走走。她很喜歡去那裡，不

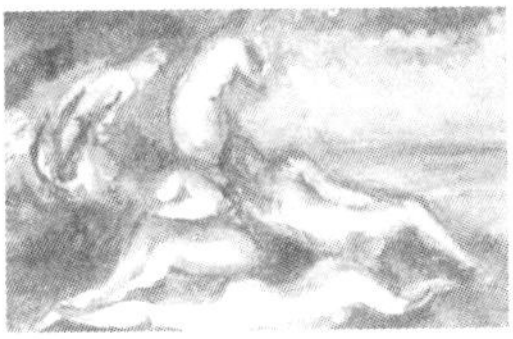

過卻不是因為那兒有五十多種玫瑰花，而是該玫瑰園是WPA計畫之一的緣故。那是一項在三〇年代，為了解決失業問題，讓男人回到工作崗位而推動的方案。

我所珍惜的過去似乎已經十分遙遠，我很想看看遺忘已久的泥濘和海峽、黑漆漆的沼澤地、橡樹大草原，以及伴隨著微風、流經棉花田，最後流到平原上的溪流。這些都是柏克萊的原有景觀，直到歐洲移民來了以後才整個改觀。我告訴過老媽，我可以在曙光乍現、天空一片矇矓中，看到輕煙沿著舊金山灣的海岸，從胡丘安山谷嬝嬝升起，如今那兒已經開闢了高速公路。

當時連我都覺得好奇怪，怎麼會在老媽面前談起這些事，她對這一切一向都無動於衷，只見她擺出打從我小時候起就常出現的那種表情，斜睨了我一眼，搖搖頭，好像認為我是在無病呻吟，為賦新詩強說愁。為什麼？為什麼這些童年往事我只能向別人傾訴呢？

娘家那幢住了二十三年的房子可算是個異數，才蓋了沒多久便發生一九二三年那場可怕的大火，當時柏克萊的大部份建築都因此而付之一炬，只有它得以倖存。那場火弄得當地最有名的建築師梅貝克，從此不再設計木造房子，而以西班牙式的灰泥屋取代。

後來從我家開始，整條街都是這種房子。

經過那個事件之後，我也培養了較為敏銳的感覺，常覺得家裡的地基不太穩，也一直和街坊鄰居們談起那些傾頹的籬笆。和咱們家的「破敗」景象相較，鄰居家的陡峭坡地倒是令我十分羨慕，它有一種反覆無常和極為羅曼蒂克的野性美，樅木和松樹足足有八層樓那麼高，而無花果、早開的櫻花和棕櫚樹則隨處可見，有時候在還飄著細雪的三月末，那兒更是百花盛開。不過，在這種喜愛與羨慕交織在一起的心情中，總帶著一絲絲「胳膊往外彎」的罪惡感。而鄰居家的房子也的確讓人嚮往，尖尖的山形屋頂、西班牙式的陽台，和開滿玫瑰的庭院。屋子的材質有一半是木材，再加上微風拂面的街道、公園、小巷弄，以及陡直的梯子等等，真是漂亮極了。此外還有一排排面向海的長窗呢！

往西望去，有三座拱形的橋跨過海灣，把南北兩處巍峨陡峭的山壁連接起來，只不過我們家地勢較矮，望不見這些美景。但是如果你「眼光太高」的話，仍然會錯失這些景緻。因為這兒住的大部份是勞工階級，四周處處可見廠房、倉庫、商店，以及傾頹破敗的街道。十九世紀中期，來自於愛爾蘭、法國、中國、芬蘭和德國的工人紛紛移民至

此，落地生根後子孫延綿，如今又加上了黑人和西班牙人，蔚為民族的大熔爐。至於建築方面，最近也掀起了一陣復古風，許多維多利亞式的老房子開始重新翻修。除了上述族裔外，柏克萊在六〇年代後期一群為數約二千人的遊民，也來到了這裡，他們無家可歸，棲息在民眾公園內，鎮日為生活掙扎著。

若干年前，這兒曾為了蓋房子，而打算砍掉神學院附近的大批榆樹，為此不少人聚集抗議了好幾個禮拜，當時不擅交際的我，也加入了他們的陣營。在大樹被鋸斷、肢解時，我們這群互不相識的陌生人，手牽手、肩靠肩默默地站著，這時旁邊一位女士已哭倒在我的肩上。大概是由於我個頭比她高吧，所以自然而然成了可以「倚靠與支撐」的「壯漢」。

我猜想，那就是我第一次嚮往成為男子漢的日子。

當時我並沒有經過一番「天人交戰」的過程，因為這對我來說一點都不奇怪，也很自然。許多原本看似一成不變的事物，事實上都可能會改變，而人們也就自然而然地接受了這些改變。還記得那是個寒冷的午後，大家心情都很沈重，有種淒涼的感覺，我們這群烏合之眾只能縮成一團，以抵禦初秋的寒風。我望著倚在我肩頭的那名女子，一時

之間只聽見嚶嚶哭泣聲夾雜在鋸木的悶哼聲裡，生木材和木屑味撲鼻而來。我想如果當時我是個男孩子，就會用我一雙強而有力的手臂保護著她，直到她停止哭泣為止，同時我也告訴我自己，如果我是個男孩子的話，就該瀟灑的揮揮手，告訴她剛才那件披在她身上的夾克也不必還了。然而那時我只能在無望的戀慕與渴求中，感受那股在內心深處逐步升起的小小變化與思緒，而過去那種消極被動的心態，卻隨著巨樹的傾倒而消失不見。就像是那些巨樹的活力已經全部轉移到我身上一樣，只因為我在一個女人悲泣時，把她緊緊擁入懷裡。許多年以後，我再次邂逅這位叫做艾麗絲・葛拉漢的女子，也從她身上學到了許多。

於是，我就這樣變成了個男孩，也可以清楚地看到它所帶來的嚴重影響。雖然我老公是個慷慨大方、氣度不凡、不拘小節的男人，但卻始終希望我是個愛做夢又小鳥依人的女人，就像以前那樣。另外，我的這種改變也嚴重干擾到我女兒，她要面對一個轉變為男人的媽咪，讓她情何以堪。至於我呢？我真的已經做好破繭而出的準備了嗎？

男孩子大都不太安份，喜歡調皮搗蛋。就像我在四年級時，曾經和一個這樣的男孩比鄰而坐，他很喜歡拉我的辮子、欺負我，因此，我們總是三天一小吵，五天一大吵。

當時真的很難想像，如果叫一個男孩過我那種整天做白日夢、老是讀一些光怪陸離的書，以及滿口風花雪月的日子，他要怎麼活下去。當然也不乏一些不錯的男孩，會從學校陪著妳一路走回家，因為，他們覺得妳需要被保護；另外也有些沒規沒矩、品行不良的男孩，老是從超市裡偷酒轉賣給雜貨店。一般說來，男孩子做事大都欠周詳，往往不經大腦，遇到不爽的人就拳頭相向，一輩子都堅決不做「娘兒們」。另外，男孩子也天生享有一些特權，像是：想要怎樣就怎樣，想得到什麼就會得到什麼，想要擁有什麼就擁有什麼，想要征服誰就征服誰，而且不停地追求官能享樂和女人。

我早就學會了一件事：對於不可避免的轉變，你是無法干預的，否則無異螳臂擋車，而在通盤考慮後，我也覺得觀察一個男孩的轉變過程，像是變得溫文儒雅，不再毛毛躁躁等，是個不錯的點子。以我們那個時代來說，年輕人眼中的生命是一場又一場的悲劇，但這並不是他們的錯，大家都認為只有小娃兒才能安然度過他們的青澀歲月，大多數人的結局不是令人扼腕嘆息，就是一連串的坎坷歲月，沒有什麼事情是真正值得鼓舞而讓人想堅持下去的。因為時下的年輕人得做的事真的太多太多了。

女兒就要離家去上大學了，我知道不久之後自己也會想翹家。我無法再安安靜靜地

待在家裡，整天都在期待著某個重要的轉捩點來到眼前，好讓我能夠理所當然的外出闖盪。這些事應該和愛情有關，對大多數人來說，這也是最容易被認定的一種轉變模式。我了解何謂愛，但卻從沒想過，自己是否儲備了這種改變的動能。另外我也了解女人，但卻從沒想過一個女人也會喜歡這麼做。

3 初次邂逅

她叫哈達瑪，出生於德國中部的一個小鎮，雖然他們是個猶太家庭，但已被德國徹底同化了，所以一點也不像猶太人。三〇年代初期，他們抵達美國，這都得感謝她姑姑的遠見，在承平的歲月中，死催活拉的讓一家大小變賣了土地、房子和所有家當，移民到此。哈達瑪的母親出身於義大利南部的一個大銀行家族，文化水平高，有國際觀，也累積了相當的財富，而且家族中的人遍及全世界各大都市。他們每個人都懂好幾種語言，也都在大銀行和大公司裡位居要津。對於窮親戚們他們亦樂於資助，不僅出錢供他們讀書，必要時甚至還會準備豐厚的嫁妝，把她們嫁出去。

我知道哈達瑪時，她還是個小孩子，舉家剛從歐洲移民過來，住在柏克萊北邊的一處高地上，離我家不遠，是個大家庭，堂兄弟一大堆，還跟一個上了年紀的姑姑住在一起。在紐約待了一小段時間後，就搬到這兒來，之前，他們還曾在英國待了一兩年。哈

達瑪的祖父是在那裡白手起家的，雖然精力充沛，但卻英年早逝，家庭的重擔一下子全都落在長子，也就是哈達瑪父親的身上，雖然勤奮努力，事業小有成就，但要養這麼一大家子，卻還是不太容易，因此決定移民到美國。哈達瑪對家族的這頁移民史並沒有什麼記憶，只知道自己的四歲生日，是在一個叫考茲渥斯的小鎮上過的。小時候家人都叫她哈蒂，不過自從開始上學後，大家就很少這麼叫她了，至於我，則一直叫她哈達瑪，早在我們陷入熱戀之前就這麼叫了。

我們是在她姑姑艾蒂絲・邦赫的家邂逅的，艾蒂絲花了好幾個禮拜的時間，把她的童年往事一股腦兒的都告訴了我。當我和這位老太太道別時，還猶豫了好一會兒，不知道該握手還是該擁抱，我們倆用德語交談，那經驗真是愉快極了，我們彼此都很喜歡對方，當時甚至還忘情的聊到「聲震屋瓦」。後來只聽見門碰的一聲被撞了開來，鑽進來兩個穿短褲的小女孩，接著跑進來一隻金黃色的大獵犬，以及一位身材纖細動人的黑髮女子。她一臉驚訝地望著我，大概沒料到這麼晚了艾蒂絲還有訪客。

我也同樣吃驚地望著她，只見她亭亭玉立地站著，雙手沒閒著，眸子炯炯有神，那模樣不禁讓我想起了蜂鳥。第一印象往往是靠不住的，本來還以為她長得蠻高的，後來

卻發現她沒有我高。大概是當時陽光太強烈了，眼中的她看起來有些迷濛，就像是遠遠地站在一條又長又熱的馬路上，身上還不斷地冒出熱浪呢！

艾蒂絲把她拉到身邊，口中喃喃的說：「這就是哈達瑪。」，這時只見那兩個小女孩不停地跑來跑去，口中還興奮地叫道：「哈……達……瑪，哈……達……瑪」。

她笑了，對我解釋說：「別人都叫我哈蒂！」同時深情地望著自己的姑姑，艾蒂絲握住姪女細緻的雙手，愛憐地朝著她頷首而笑。

「哈達瑪……！」艾蒂絲忽然住了口，我想她大概想要說些什麼，卻突然想到那些話或許不該說，而突然住了口。

年輕的哈達瑪則定定的看著我，然後旁敲側擊地問道：「妳就是那位教口述歷史的女士吧？」看來她寧可拐彎抹角地「猜一猜」，也不想直接了當地問。

我點點頭，她則揚了揚眉毛，帶著驕傲的神情，至於我是哪號人物也就無關緊要了。那一瞬間一股桀傲不馴的驕傲表情，明顯地寫在她臉上，這也是我第一次清清楚楚地看著她。從那深邃幽暗的眼神中，不難看出她正在冷冷地打量我，看看我是否只是「虛有其表」，那股酷樣子讓我有些忐忑不安。只見她筆直的站著，頭抬得老高，清秀而

整潔的臉蛋兒略顯蒼白，不過因為襯著一頭波浪狀的黑棕色秀髮，顯得又有了些血色。隱約中我瞥見了那股她們家族特有的傲氣，被巧妙地掩飾在落落大方的表情裡。

「艾蒂絲姑姑一直希望我們能見見面，」她有點促狹的挖苦我說，「她覺得我們倆一定得做個朋友才行，我姑姑說的話可從來都不會錯喔。」她停了一會兒，晃著腦袋想表現自己的幽默感，高興地說道：「妳準備好要接受這段新友誼了嗎？」

我覺得哈達瑪並沒打算說這麼多話，她大概認為大家閨秀就應該說些應酬話，來沖淡一些陌生感，避免那種第一次見面時的尷尬。然後她又開始盯著我瞧，似乎想多猜出一些我的「底細」。別人常說我面對的事太多太複雜，不過我想這小妮子也是如此，只見一陣紅霞微微掠過她的臉頰，幽暗的眸子也偷偷地往我身上掃過來，就在這一瞬間，我發現，她就是我夢寐許久、期盼多年的女孩，真是眾裡尋她千百度，驀然回首，那人卻在燈火闌珊處。

這時，那隻頗有威嚴的獵狗走到艾蒂絲身邊，趴在她腳下，金黃色的腦袋抵著她的腳，我的忘年之交艾蒂絲站了起來，一手握著哈達瑪的手，另一手則握著我的，就這樣，我和初次見面的哈達瑪面對面站著，友誼開始在雙方的心中流淌，在我們的心中似

乎都有一些期待，只是從未想過，當愛情結束後，會為彼此帶來那麼濃的痛，和物是人非的感觸。至少對我來說，和哈達瑪的友誼在一開始時，就注定帶著一絲無可名狀的傷感，我甚至覺得，在我把自己的名字告訴她之前，就已經失去了她。

有些女人很驕傲，必須在她們面前不斷地獻殷勤，想要擁有她們就必須付出這些。過去我也是這種女人，因此想要擁有她們，就必須認知這個事實，這點我會了解嗎？

這時艾蒂絲突然察覺自己的失態，竟然沒把我鄭重地介紹給哈達瑪，於是說道：「這是金，我親愛的金！」由她那口不標準的英語，不難聽出她是個受過教育的外國人，只是平常在家很少使用這種語氣，「就是這個女人突然闖進咱們的生活中，為我開啟了另一扇記憶之門。」

「我親愛的金？」，是因為我們已經互相擁抱，所以姓什麼已經不重要了嗎？哈達瑪似乎是這麼想的，當艾蒂絲把我們的手握在一起時，她一臉暖暖的笑意。這時我發現哈達瑪其實與我年紀相若，年近四十，她的一顰一笑，以及我們之間的那種默契，似乎已經將我倆緊緊地繫在一起，看起來這並非是上帝特意開的一個玩笑。我們都沒太留意時間的腳步，事情就這樣在兩個女人之間不知不覺的發生了。

4 她的微笑

在女兒上大學之前，她一直是我生活的重心，每當傍晚她放學回家，我的精神就來了。不過這小妮子卻不怎麼領情，老說我是個虛偽的人，故意裝得和她無話不談，假裝要和她分享彼此的心情，只可惜「演技」實在太差了。她說：我表現得高不可攀，總是和別人保持若即若離的關係，而且老愛做夢，經常迷失自己，令人難以親近。所以，雖然知道我很努力地想親近她，也一直試著想讓自己像個和藹可親的媽咪，但到最後我們的努力還是失敗了。

我的夢想就是想要擁有一個個人的私密花園，是獨立於婚姻和社交生活之外的私人天地。我一度以為哈達瑪是個喜歡社交生活的人，是屬於外面那個花花世界的女人，不會想接觸我的內心世界。但事實正好相反，和許多女人一樣，她的「藏匿」功夫比我要高明太多了。

和哈達瑪初遇當天看到的那兩個小女孩，其實並不是她的孩子，而是她的遠房親戚。哈達瑪的身邊總是黏著許多人，他們來來往往，有些人因為工作的關係整晚陪著她，有的則是單純的愛慕她。不過我從沒打算要弄清楚，她和這些人的真正關係，更何況她的家族頗大，枝繁葉茂的，實在難以探究。她的親戚還真是不少，經常可以看見他們遠從歐洲或南美洲來到這裡，到她父母那棟美麗的房子裡作客。甚至，連那天出現的金黃色獵犬也不是她的。

哈達瑪並沒有和丈夫住在一起，但也沒離婚。她魅力十足，很容易讓周遭的人為她意亂情迷，她彷彿永遠都不知道孤獨為何物。而她的「胃口」也不小，雖然掩飾的並不太好，但總想和所有人保持若即若離的曖昧關係。所以，我認為她從來沒有真正的知心朋友。

我和哈達瑪認識時始終心平氣和，別小看這心情，平靜之下所發生的任何事都是轟轟烈烈、意義重大的。這種關係是愛做夢的人夢寐以求的，因為不管任何芝麻綠豆大的事，都會讓我們永生難忘。我們總是說，這種影響是一輩子的，它改變了自己的人生。這種感覺對一般人而言，任憑你說破了嘴，也很難讓別人了解。不過這一次我卻有些茫

然，過去我總是天真的認為，如果自己對某些事有強烈的感受，那麼其他人也一定會如此，不知道哈達瑪是否也如一般人，和我之間存在著無法跨越的鴻溝，無法真正體會我的感受。

哈達瑪曾在東灣發現了一家藝術中心，舉凡在那兒作畫、跳舞、作曲、演唱、雕刻、編織、縫紉，以及寫劇本的，她全都認識。所以可以輕輕鬆鬆登高一呼，在最短的時間內籌備一個藝術展覽，或辦個戶外嘉年華會，甚至可以靠沿街賣藝組個旅行團行走江湖。以她的爽朗、永遠用不完的精力、能放電的一雙媚眼，以及具有感染力的銀鈴般笑聲，可以讓所有人都拜倒在她的石榴裙下，把自己的時間全捐給她，任由她支配。而經過了這麼多年，她也的確為慈善機構籌募到不少經費。

哈瑪達給我的印象就是她無所不能，年紀輕輕就精通各項才藝，有一次我們在林子裡閒逛，她突然唱起歌來，低沈又美麗的嗓音讓我驚艷不已。之後任憑我苦苦哀求，她卻始終不肯再開口，她說只有在忘了還有其他人在場，或是在無意識之下，她才會唱歌。

就算單獨相處，她也經常披著一層神祕面紗，只有當我們躺在那兒許久許久，等得

都快嚥下最後一口氣了，她才會突然摘下面具，把隱藏在心裡的祕密和盤托出來。有一次我們去散步，突然看見一隻小兔子從林子裡竄出來，和我們打了個照面，她立刻驚慌地提醒我說，這是個不好的兆頭。這是我第一次看到她的另外一面，其他人大概從來都不會發現這些吧！

第二次相遇是我趁著路過，順道造訪她姑姑，意外地與她重逢，離上一次邂逅才不過短短一個禮拜。

當時我正要離開，看見她剛好帶著那隻金黃色獵犬，以及上次遇見的小女孩一同上樓，那隻獵犬和小女孩都認出了我，但哈達瑪卻對我視而不見，好像記不起來我是誰，是她故意假裝認不得我？有些人就是讓人捉摸不定，不管是什麼原因，明明你對他們留下了極深刻的第一印象，但等到下一回雙方再度碰面時，他們卻冷淡以對，就像船過水無痕，在他們心目中你根本啥都不是。我曾反覆思索，她真的是改變我人生的關鍵嗎？她一定要擺出那種架勢來嗎？

我見她神情漠然，於是先報出自己的名字。

只見她嫣然一笑，重複一遍我的名字，然後說：「妳就是那位記錄口述歷史的人，

當然，我怎麼忘得了，我曾問過姑姑有關妳的一切，對啦！她告訴妳關於書展的事了嗎？想去看看嗎？」

這時那隻金黃色獵犬已經溜到外面的馬路上去了，而那個小女孩則躲進她的裙子裡，一面踢她的腳一面興奮地尖叫。

「噓！蒂娜，那樣我就無法專心想事情啦！」她溫柔地責備了女孩，可是很顯然，她並沒把對方的胡鬧放在心上。幾分鐘後，小女孩也跑去追狗了，而她則打算到鄰居家的後院去拔草。

我告訴她，「在大庭廣眾之下我看不了多少書，有時間我一定會去，不過我告訴妳姑姑這次不行。」

我不知道在說完這些話之後，我們是否又會默默相對。我一直在等待著一些訊號出現，好看看上禮拜我們初遇時，是否也曾在她心湖中激起了陣陣漣漪。如果她就是我一直期盼出現的人，那麼我是否也是她一直尋覓中的「郎君」？

「妳不在大庭廣眾下看書嗎？」她似乎有些驚訝，接著又以懷疑的眼神望著我，「妳不是一位作家嗎？姑姑說……」

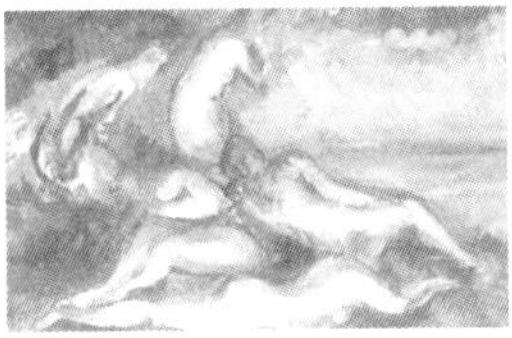

「我這個爬格子的，還沒準備將自己的作品出版！」

她皺了皺眉頭，我想是有些失望吧，於是我立刻補充了一句：「但我還是有不少機會噢！」

「妳不是在做口述歷史的嗎？妳確定要出版這方面的書嗎？」

我還不知道自己在這方面有何打算，但我喜歡上了年紀的人，尤其是遠道而來的人。我知道只要你是個好聽眾，他們都會喜歡把一些故事告訴你，也想認識你。有些老人家很期待這些故事能變成鉛字，但絕大多數的人都只是希望能有人聆聽他們的歷史。其實這種工作蠻適合我的，因為，我喜歡把時間花在這些人身上，尤其是在午後，當我一天的工作告一段落時，會希望與他們一起消磨時光。他們一見到你就很高興，也從不會問東問西的，和他們在一起輕鬆舒暢無比，因為，他們只會把注意力放在故事上，不會要我多談談自己。另外，我也常和他們一起喝下午茶，而他們也總是端出上好的巧克力，或是自製的糕點待客，甚至有些人每次說的故事都千篇一律。對於故事內容偶然出現的改變，我總是興味盎然的聽著，即使只是些語詞上的變化，我也欣然接受。

哈達瑪仍然眉頭緊鎖，我說她可以在一瞬間掂出一個人的份量，而且過去也經常這

樣打量別人。她或許會認為我是個靦腆的人，或是認為我虛偽、不實在，或者誤以為我之所以會搭上她姑姑，完全是為了蒐集戰前猶太人在德國的生活資料，好出書賺錢。

「有時候一個人是為了寫作而寫作，爬格子本身就代表一件事的結束、一個冥想，甚至是一種『著書立說』。」雖然我嘴巴這麼說，但自認為並非針對她，我始終認為對自己一直尋覓中的女人，是毋需多做解釋的，「我聽別人說故事也是基於同樣的原因。」

「真的？妳根本沒打算出書，只是蒐集這些故事而已？還是目前不知道要怎麼處理它們？」

「嗯，有時我在想，船到橋頭自然直，這些故事『自己會找到出路的』，一旦它們找到處置自己的方式，不管結果如何，我自然而然會知道，而我也會順著自己的直覺去做。」

「噢，我明白啦！」她回應著我，但我總覺得她的語氣充滿了嘲弄。

她一定認為我是在開玩笑，只見她頭一揚，把秀髮往肩後一甩，然後嫣然一笑。沒騙你，這是我頭一回聽到這麼美的聲音，低沈、渾然天成，嫣然一笑的同時，所閃過的那一絲戲謔的眼神，彷彿讓我倆成了「共犯」。

「我不會再問妳什麼問題了，」她抬起頭來，就像許下承諾般說道，「看來作家都有他們的祕密。」

「錯了，」我仍弄不明白她為什麼會笑，「我們沒什麼祕密可言，沒有，一點也沒有。」

5 分手的時刻終於來臨

從小就很了解我的好友莉莉安曾說，我給人一種不食人間煙火的印象，就像穴居了一輩子似的。不過幾年前，我曾經是個活潑外向，經常外出旅行，喜歡交際應酬，也很容易與人交朋友的人。現在我走出了自己的「洞穴」，卻發現這世界已變得好陌生，每件經歷過的事情都會被我拿來好好研究。這就像我突然發現樹林裡冒出了一棵陌生的樹，於是我告訴自己，這玩意兒太危險了，搞不好會隨時倒下來砸到自己的腦袋，彷彿自己一輩子都沒見過樹似的。

在這個房子裡我們已經住了七年，我還是經常以一種發現新大陸的心情告訴自己說，在這間房子裡隨時都會有一些意外和驚喜。就像那個每天都會在上下學或上下班的路上，和我打照面的高大年輕人，每次看見他，我都會興奮地告訴自己：那個從街上走過來的年輕小夥子，就是某某鄰居的兒子耶！

當我把這些生活瑣事告訴老公馬克斯時，他一定會擱下手邊的工作，然後舒舒服服地靠在椅背上靜靜地聆聽。有時候我話匣子一打開就是好幾個小時，他也會抽著煙或是啜著咖啡，全神貫注地聽我說話，只是不知道他究竟為什麼要擺出這副神情？到底是什麼因素讓他這麼做？

如果你是個穴居的人，就不可能真正的沉睡，即使其他人都認為你已進入了夢鄉，你卻知道自己十分清醒。我所指的這種穴居人，雖然離群索居，過著遺世獨立的生活，而且只在安全無虞的情況下才會外出冒險，可是她的內心深處卻熱情如火，活躍而積極，只是很少有人知道罷了。

大部份的人都不知道你其實很清醒，對周遭的每樣事都瞭如指掌。就像任何一個開著車或是下廚做早餐的人，在開車或做飯的同時，還能分心聽別人說話，或是對著別人說話那樣，你能說他們不清醒嗎？

這並不代表說，當你邊做事，邊和人交談就會捅出摟子，不過周遭的人卻會認為「穴居人」都是這樣。當大家的認知是如此時，你該怎麼去為自己辯解呢？如果能夠和馬克斯談這些，如果這些是男人和女人之間可以聊的話題，那麼我絕對不會棄他而去，

也不會到外面的花花世界裡去尋找了解我的人，而是安然地過著我想過的日子。當我們各奔西東之後，我才發現自己所要找的對象，竟然是近在咫尺的那些鄰家女子，我和她們做了一些自己曾經想像過，但卻從不相信女人與女人會攜手同做的事。當然，我所指的並不是只有性而已——雖然性也是其中之一。

還記得第一次想告訴馬克斯，關於我的穴居生活時，是那麼地欲言又止：「這就好像是……」然後我就講不下去了。

「我正在洗耳恭聽耶！」他一本正經的說。

「不管是這屋子裡的世界，還是屋外花園裡的世界……對大家來說都是那麼地真實。但對我來說，我們和蘿瑞莎的生活似乎並不真實，在我們之外的世界，還有另外一種真實存在，有時我甚至覺得它比我們的世界更實際一些，當然也或許並非如此。但不管怎樣，外面的生活給我一種鮮活的感覺，至於我們所共同分享的這個世界，則無法讓我快樂起來。」

我想他被我這番話弄得一頭霧水，因此想要用他的經驗來詮釋我話中的意涵。他那副嚴肅而認真的模樣，雖然不至於憂心忡忡，但卻似乎充滿了迷惑。

「印象中妳最近似乎快樂多了，也好像更自在了些，就像是走出了封閉的自我，不再那麼消沈啦。」

「消沈？我不再消沈了嗎？其實我們一起生活的唯一意義，就只有那些而已。我之所以消沈，並不是因為和你在一起的緣故，如果和你一起生活會讓我愁眉苦臉，那也是因為我已經從另一個自我中走出來。以前的我，一回到你身邊便迷失了自己，這不是你的錯，在我們之間你扮演男人，而我扮演女人，似乎是那麼地完美而自然，但如果不是這樣又將如何？如果讓我來扮演男人，我會更自然，但你能扮演女人嗎？抱歉，這挺難解釋的，我只是想說，如果我們再在一起，會讓我活不出自我，活不出一個完完整整的自己，你了解嗎？」

我只能說他竭力地不想讓自己受到傷害，如果他表現出受到傷害的樣子，我就會覺得自己被誤解，會讓自己說不下去。

但他該怎麼做呢？我已經說過，唯一讓自己感到踏實的，就是和他分手，這叫他情何以堪？

「我哪次早回家妳不是笑逐顏開的？」他沈著臉問道。但我又怎能說，他每次早回

家都是那副愁眉深鎖的模樣，這話現在我說不出口。

我立刻飛奔向前，雙手緊緊摟住他的脖子，然後湊上我的雙唇，希望能撫平他所有的傷感。如果我在哭，那眼淚也會是他的。

他也吻了吻我的額頭，並且說：「妳會沒事的。」這話安了我的心。但他接著又湊在我耳邊說道：「放心！我們會搞定的！」但現在，我已經不再相信他了。

時候終於到了，一直想要告訴他的話終於說出了口。過去，我的人生就是努力做這個男人的好女人，現在，這種日子終於劃下了休止符。現在該是我珍視自己的需要，不再考慮其他義務的時刻了。我的日子終於來臨，可以像個男孩一樣，好好享受這個世界。

在我們婚姻的最後一年中，雙方都意識到我們已經無法長相廝守，只是我們都沒說破而已。當時我們都了解到，無論是睡著，還是醒著，都會有個莫名其妙的第三者，不請自來地闖入我們的生活當中。有時候半夜醒來，發現他沒睡，正用手撐著腦袋盯著我瞧。

「我們得找些活兒幹幹，」於是我說：「如果再這樣下去，我們的日子是不會長久

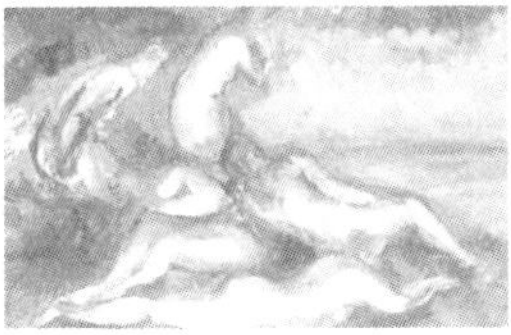

的。」

「沒錯！」他嘆了一口氣，然後用手環住我，似乎是死了心，也斷絕了一切念頭。同時我們也都默默地承認，這是我們唯一能做的事。

或許在他人生的那段歲月，並不想和一個清醒的女人維持關係。大多數的男人和他一樣，會愛上愛做夢的女人。在我們剛剛認識時，他就常常夢到自己騎著一匹快馬趕來搭救我，有一次他夢到我受了重傷，醒來之後還放聲大哭。但是我一直都不喜歡男人以這種方式來愛我，或許若不是我那麼愛作夢，他也不可能會愛上一個清醒，而且不需要他來拯救的女人。

有一天我看到他穿著厚重的靴子步出車子，雖然仍是那麼地高瘦，和以前沒兩樣，但我卻好像從來沒見過他似的。當時他就像那棵樹，就像鄰家的那個男孩，或者是我們住了七年的那棟房子，既熟悉又陌生得似乎不認識它們。後來我發現他正對著我咧嘴而笑，那副神情就是妳在呼喚老公時，最希望在對方臉上看到的神情。

「妳永遠都找不到一個更好的老公啦！」我對自己說道。

我是在尋覓一個更好的老公嗎？

「結束了，一切都結束了。」當他走近我，然後拉起我的雙臂環住他的腰時，我對他這麼說。

過去他一直都喜歡這樣做，也總是會帶給我無比的慰藉。不過，他不知道現在已經物是人非，這個動作撫平不了我，也安慰不了他……，在我們之間再也產生不了作用，即使我這麼希望，也不再有任何感覺可言了。

我愛被他緊緊摟在臂膀裡，我愛他穿上他父親那件鞣皮夾克時煥發的英姿，我愛和他雙手交握時的那種溫馨，也愛他對女兒的無限疼惜。我們常說，女兒的童年就是在他手中獲得呵護與無微不至的關愛，而我也同樣得到他全心全意的呵護。

6 眼神的親密交會

世界上任何一個地方的女人，都有可能會變成男孩，但是像柏克萊這樣的地方，想這麼做似乎會容易些。有許多人相信，任何新奇的、冒險的、激進的、不可思議的事情，都會先在柏克萊發生。在日常的交談中人們經常聽到這些話，但其真實性如何卻很難論斷，說不定這只是一種比喻而已。

我總認為柏克萊是個大千世界的縮影，像艾蒂絲那些曾把人生故事告訴過我的朋友們，就是個最好的例子。他們都是無根的浮萍，像柏克萊這種地方本來可以好好收容他們的，不過他們卻都只能窩在山上那些陰暗偏僻的街道中，如果你誤闖這些「禁地」，只會讓你嚇得夾起尾巴掉頭就跑。哈達瑪和她的那些朋友們，甚至艾蒂絲本人，都給我一種不切實際的感覺，就像她們是我用咒語召喚出來的鬼魅，或是在陰濕的冬天裡，被孩子們幻想出來的故事人物一樣，隨時都會不見，再回到歐洲那段寒微而陰暗的過去。

我經常一個人獨自播放他們的錄音帶，因為，我很喜歡聽他們的聲音，彷彿一幕幕過往回憶又重現心頭，氣息中帶著一絲懸疑，某些帶著特殊語氣的語言，一字一句都輕易讓人跌回歷史的軌跡上。至於在任何地方都不會有回家感覺的我，只有在回到這個被歐洲猶太人稍稍同化過的柏克萊，才會感覺到踏實。不過柏克萊是個被歷史逐出舞台的地方，除了少數倖存的殖民地人民，仍視這個地方為庇護所外，外人幾乎已遺忘了它，所以儘管這地方的房子老是不夠住，但仍給過往者留下了相當多的空間。

馬克斯偶而會與我一起來，因為他很欣慰，口述歷史這個計畫終於讓我從象牙塔裡走了出來，而且，他本身也是個懂得聆聽的人。這地方的人透過艾蒂絲建立了一個規模很小但頗綿密的人際網絡，在結婚紀念日及生日派對等家庭聚會的推動下，這些人的情誼與日俱增。有一次蘿瑞莎放暑假，就曾經和我們一同受艾嘉．羅森渥斯的孫姪女之邀，和他們共進晚餐。艾嘉是我的好朋友，曾和大文豪托爾斯泰下過棋，他還說有一次造訪托爾斯泰在胡特鐸夫的冬季別墅，在那兒和托爾斯泰的妻兒們一起用餐，由於那地方並沒有暖爐設備，所以大夥兒連在室內也都得穿上厚重的大衣。就在艾嘉的孫姪女家裡，我三度和哈達瑪不期而遇。

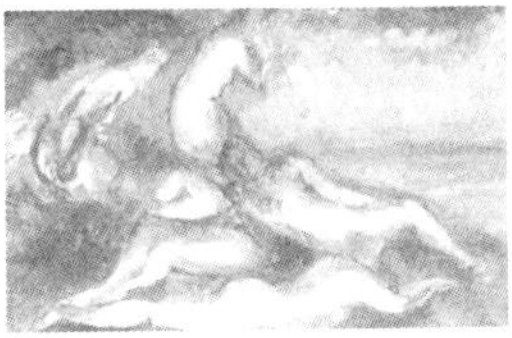

由於她另外有事情，所以沒留下來吃飯，不過，艾嘉的孫姪女從一個一個的鍋子裡舀了好多湯讓她帶回去，而她也以自家花園裡的一些鮮花回贈。艾嘉答應過我，要說些過去從沒提起過的故事，而且他姪子也興致勃勃地要在一旁聆聽，所以那天我們一大早就到了。或許過去在前往城裡的路上曾和這位老人家相談甚歡，所以那天我們也話興頗濃，雙方真有一見如故之感，而我也重拾失去多年的「社交能力」。話說二十世紀初艾嘉曾在維也納待過，有幾回在市政大廳前面的廣場，看到一個衣衫襤褸的傢伙，在向他叫賣自己所畫的水彩明信片，許多年後，他說他認出了這個人的身份，那就是阿道夫·希特勒，當時希特勒十分落魄，就住在大雜院裡。當我們準備到他孫姪女的房子去吃晚餐時，這位老人家還頻頻說著，「妳只要想想看就會明白，」他說道：「如果藝術的力量得到昇華，如果藝術學院沒有兩度拒他於門外，誰知道世界會變成什麼樣子？或許希特勒今天會以傑出藝術家的身份，享譽全世界，而不再是猶太人的屠夫。如果當初我買下了他的作品，再彼此交換一下友善的眼神，或握握手的話，說不定歷史就會由於兩個陌生人之間的相知相惜，而整個改觀，對不對？」最後艾嘉還做了結論：「妳會發現老人家有時候還是會有些看法的。」

當我們走進屋子的大玄關時，在長廊的盡頭處就站著哈達瑪，這個玄關有一面裝飾鏡，掛衣服的掛勾，以及提供給人換鞋用的椅子。哈達瑪穿了件訂做的白色外衣，正在苦惱著如何把湯移到停在外面的車子上，而不會濺出來。大概是因為她那位為了蒐集稀有手稿，而長年在外奔波、並與她感情漸漸疏離的老公要回來了，所以那天她看來春風得意，讓人眼睛一亮。哈達瑪甚至還改變了髮型，我們頭一回見面時她那頭微捲的長髮，如今已剪成活潑而有型的短髮。或許是那股短暫的驕傲感使然，讓她看起來比第一次接觸時更有精神，當然她又重施故技：起初裝做沒認出我來，然後又猛然地想了起來。

我一個箭步走上前去，幫她抬起那鍋湯。一定是我的動作過於諂媚，相對顯得有些滑稽，使得每個人的目光都朝著我射過來。只見哈達瑪臉頰上飛起一抹紅暈，那微笑令人銷魂蝕骨，她同時收回了雙手，似乎公開向大家坦承自己的無助和嬌弱。接著我便發揮義助婦女的俠義作風，幫她把那鍋湯抬到停在外面的車上。看來我已肩負起許多年來所一直未扮演過的角色，也依稀想起了兒時街坊鄰居的那些男孩：爬樹、打架鬧事，幫我老媽把皮箱搬上搬下，替我三年級的女老師撐傘，或冒著傾盆大雨為她開車門。

後來我倆回首前塵，對這天的事都難以忘懷，而她也認為這是兩人友誼的開始。不過，我卻認為這股情誼是始自數月之前，那時我們雖然沒有交談，但我卻認定她就是自己所一直尋覓的女人。

顯然哈達瑪經常憑著「姿色」賺到食物，而不必親自下廚。

起初我們還為此事而相視大笑，之後就一直不自覺地傻笑著，那純粹是由於笑聲開始之後就一發不可收拾。她總是縱情大笑，好像唯恐別人沒聽見似的，如果沒有禮教的束縛，我們一定會在這陣陣的笑聲中，陶醉不已。

「艾蒂絲姑姑一直在我面前談到妳，」哈達瑪說，「妳一離開，她就坐在那兒嚶嚶低泣，她已經好幾年沒哭過了，還說自己又再次重生，心靈也澄澈不少，許多過去遺忘的事如今又都湧上心頭，然後馬上拿起電話，把妳的事一一告訴朋友們。」

耗費了好幾個月的時間，我才弄清楚哈達瑪也是會打開心胸的，這些不經意間的表白對她意義重大！

我不希望她就這樣進到車裡，然後表情豐富地向我揮揮手，揚長而去。但是，她卻一定會這麼做，就像一兩個小時之後，會再度碰面的老朋友那樣，毫無疑問地會重新聚

首，不會不告而別那樣。

「我一直不喜歡笑聲因故中斷，」我沒話找話說道：「以前在學生時代就經常被叫到衣物間去，因為，我老是笑個不停。」

「我也是，我也是耶！」她一把抓住我叫喊道：「艾蒂絲姑姑那兒，保留了一大堆老師給我媽咪的聯絡簿，上面老是說我不停地在講話，笑得又很大聲。我們這就去找艾蒂絲姑姑，讓她把那些玩意兒給我們看看好不好。」

哈達瑪就是擅長利用這些談話，在瞬間拉進兩人的距離，也會做出讓彼此更加親密的承諾來。不過即使真的有那些聯絡簿，也不代表我們一定會促膝欣賞，當時我相當肯定這點。

「可以打電話來嘛，」她說道：「如果能順便過來坐坐那就更好了，姑姑說妳就住在附近。」

這次她似乎並不是在不經意的情形下，順口說出這些話，因此大概也沒辦法像以前那樣四兩撥千金的打發我。接著一切又都似乎靜止不動了，剛剛那種不雅又戲謔十足的玩笑動作，也在瞬間消逝得無影無蹤。

她凝神望著我，我簡直不敢置信那種表情是出自哈達瑪，就像是在苦苦哀求我，千萬不要讓兩人的友誼就這樣劃下休止符似的；也像是在採取「緊迫盯人」的策略，懇求我一定要接受她的邀請。總之，這種既含糊又曖昧的訊息，以及這種靜默，都像是在乞求協助。這一次讓我覺得我倆是明顯的「共犯」，就像我們已經開始帶領兩個表面上互不相干的生命，一塊前往參加一個有意義，但卻說不出口的祕密聖餐。

我的目光瞟向他處，因為，我想她大概不希望別人看到自己這副神情，但是當我再度回首時，卻驚見她表情如故，甚至更加明顯，彷彿要我確切接收到這副神情所傳遞來的訊息。在我們之間的親密接觸中，我漸漸瞭解她，而在這短短數分鐘內，也讓我明白兩人的親密感，究竟會深入到什麼程度。

在當時，即使是點頭之交的女人們，也會開始做一些互相親吻或擁抱的動作，所以哈達瑪湊上前來，把臉頰輕輕貼在我的腮幫子上的道別動作，也就見怪不怪了。

7 邀她跳的第一支舞

如果兩個女人無法了解彼此為什麼要做朋友，那麼她們的友誼一定進展緩慢，無法推心置腹。如果她們之間沒有交集，即使有股神秘的力量，在她們身上施加「魔法」，要她們對抗自己的意志，勉強地湊在一起，那麼要維持下去並不容易，就算勉強維持，又有什麼意義呢？

哈達瑪身兼數職，是許多理事會、委員會或是基金會的會員，平常一大早就出門，一直到晚上九點左右才能結束一天的工作。這種新時代女性一走到街上，必定會受到大家的歡迎和致意。現在，她也希望大門不出，二門不邁的我，會以同樣的方式看待她。

然而我並沒有打電話給她，也沒有順路去拜訪她。我一直是個「穴居人」，但還沒喪失社交場合中那些應該具備的，有趣而又可愛的手腕。說起來，我和她算是同一類型的女人：世故、有野心、習慣被人奉承，不過卻瞧不起到處尾隨自己的「哈巴狗」。我

似乎本能地了解這點，因此，我會躊躇不前，會與他人刻意保持距離。如果這次沒錯，她就是會讓我改變一生的人的話，那麼晚幾個禮拜，甚至晚一兩個月再連絡，又有什麼關係。

那天我在離開艾蒂絲家時，又再度和她巧遇，不過這次她只隔著車窗向我招招手。至於另一次則是在公園裡和她打了照面，當時我正和一個叫傑金·林登的外科大夫在公園中散步，林登大夫本世紀初就在柏林懸壺濟世，那天他穿了件有襯墊的小背心，因而小腹微凸，正打算向我表演多年來的學習成果，那就是如何微彎著腰走路。雖然他還不算老，不過卻故意讓自己看起來老成持重些，否則就不會有病人願意登門求診了。因此儘管他視力奇佳，仍戴了副眼鏡，然後又黏上假鬍子，直到自己的鬍子長得夠多後才作罷。

那天我們還到植物園裡去餵松鼠，他把手十分輕柔地放在我頭上，好像我讓他想起了另外一個人似的，問我：「妳多大啦？」這問題並不會讓我難以啟齒，不過他還是兀自接口道：「年輕是戰後的發明，我在你這個年紀時，是沒有年輕這個詞兒的，頂多說某人不夠成熟而已。」

這時，他的目光越過我的頭頂，落到一座小橋上，接著露出了溫暖的微笑，同時舉起雙手相迎，這時，我才發現他等待的正是哈達瑪。其實我不必轉頭就知道一定是她，以後我們的「默契」更是與日俱增，甚至在還沒看到她的人影或者聽到她的聲音之前，就知道她是否會現身，是否獨自前來，或下一刻是否還會出現。

當時她和幾位與自己年齡相仿的女人同行，她們的穿著都很體面，聲音也都低沈渾厚，一行人穿過養鴨池前的那片草地時，哈達瑪的身影從我眼角一掠而過，當時池面上還有些黑色的天鵝。我想她也瞧見了我，但馬上又環顧左右，然後假裝很吃驚地發現了我。這時她們一行人都停下了腳步，和面前的這位老人家打招呼，而林登也立刻站起來向她們鞠躬，然後拾起哈達瑪的纖纖玉手，湊到自己唇邊。

「我想你已經和我的朋友打過照面啦，」她低沈的嗓音滿是愛憐，「不需要我再替你們介紹了吧？我覺得你們倆倒有頗多共同之處。」

林登和我對望了一會兒，疑惑我們真的是因為哈達瑪的緣故，才會湊在一起的嗎？傾刻間她便控制了整個局面，並立刻留給大家一種親切而溫馨的印象，讓人們在不經意間馬上向她投降，以求進入她的世界。其實這有什麼好奇怪的？如果我對了她的味兒，

她還不是會立刻向我投降，以求投入我的懷抱？

這時我也站了起來，因為，林登把我介紹給其他女人。她們似乎聽過我的名字，因此都顯得一副很高興的樣子，彷彿有許多話要跟我說，哪怕是她們和遠房表哥過去的一段情，都期待我能記錄下來。

每個人都充滿期待地望著我，好像正等著我提出些能讓大夥耳目一新的東西。我拉起哈達瑪的手，放在我的手上，然後學著老人家彎著腰，舉起她的纖纖玉手湊近雙唇，最後直起自己的身子。

我就像是個舉止輕浮的男孩，一個無賴，有點狂野，玩世不恭，而且倨傲中又充滿了自信，將贏得眾人欽羨的目光視為理所當然，不管她們哄堂大笑或是對我鼓掌喝采，我都不為所動，也不會感到訝異。顯然我早已贏得迷人而喜歡標新立異的美名，敢言人之所不敢言，肆無忌憚地做任何我想最做的事。想必哈達瑪也是這種人，只見她凝視著我，彷彿我是個戰利品，或是她的姑姑艾蒂絲，甚至是任何來自布拉格，身為卡夫卡老姊閨中密友的那些老婦人一樣——她們當中任何一個都會替我美言，因為，我在這群人當中衷心感到快樂。我大概具有喜歡突發奇想、快活、以及自然而不做作的特質，但事

實上，我什麼也不是。只是到了現在，才顯現出男孩子的性格，這一點，把我從自己手中給拯救了出來，引領我重啟生命，並且進入這個只有鬼魅、難民和陰影所構築的世界。

我握著哈達瑪的手死也不放，也或許是她死纏著我的手不放。我注意到她手指關節抵住我雙唇時所帶來的些微壓力，那是一種親密的接觸，這個接觸讓我對目前所知道的最激情的熱吻，一下子變得索然無味。我可不想放棄這種全新的感受，甚至是她戒指緊緊扣住我雙唇時的那種壓迫感，或是薔薇香水在她身上所散發出的那股淡淡麝香，都讓我意亂情迷，久久不忍放手。我在她用銳利且有警告意味的目光望著我之前，是沒有注意到這些的，或許這是一種默認的眼神，雖然帶著點警告意味，卻令人目眩神迷。但沒多久她就優雅地鬆開了我，並把雙手高舉過肩，好像是把祝福送給大夫和我，然後又輕吻了一下他的臉頰，揮揮手向我道別。那四個人就這樣湊著頭，似乎在熱烈地討論著什麼，漸漸地走遠了。

不過就在快走到植物園門口時，她突然轉過身來，朝著我們這兒，愉快地叫道：

「一定要打電話來，還記得嗎？你答應過的噢！」

她可能是對著老人家說，也可能是衝著我說的，不過很明顯這句話是說給我聽的。顯然這對她意義重大，因此她一定要把這句話帶到，不想再等其他機會了。難道，這就是我朝思暮盼、期待多時的暗號？

有好長一段時間，大概是好幾個禮拜，我都沒有打電話過去。而就在我和馬克斯婚姻告終的當天，我撥了電話給她。我開始了解到電話一旦打出去，哈達瑪和我就等於走到了十字路口，在那兒我可能贏得她，也可能會失去她，不過不管怎樣，都會為我帶來極大的快樂，而且，也都會做出抉擇。我覺得哈達瑪和我，已經被一股無形的力量牽著鼻子走，彷彿走在退潮的海邊，只能雙手緊緊相握，一起被浪沖走。女人與女人間的友誼，很可能走入這種險境，哈達瑪了解這點，而我也很明白。

她在玄關等著我和馬克斯，那是我們夫妻第一次上她那兒吃安息日餐。不過邀請我們的卻是艾蒂絲姑姑而不是她。只見她奔下階梯相迎，然後雙臂分別挽住我們夫妻的手一同步上階梯，進入屋內，雖然她以前從沒見過馬克斯，而我也一直沒打電話給她，但她依然熱情相迎。

艾蒂絲姑姑在屋內的大門邊等我們，先前所遇到的那些小女孩也在那兒，院子裡則

有些高大的男孩，而那隻金黃色的獵犬也湊過來嗅個不停，另外還有隻上了年紀的狼狗一直與我們保持著距離，但卻始終瞅著眼睛，嚴密地「盯哨」。這時的哈達瑪就像我們失散多年的家人，拼命地把我們夫妻介紹給那位留著一撇紅鬍鬚、上衣口袋裡放著煙絲的肥佬，那位在東京搞雕刻的藝術家表哥，以及以前在公園裡就碰到過的一些女人，她們不是哈達瑪的表姊妹，就是姑嬸姨婆之類的長輩，再不就是些姻親，並且都和哈達瑪一起在那些委員會裡服務。其中有位十分苗條纖細的女人，整張臉看起除了有些蒼白外，還憔悴萬分，像是歷經了許多風霜，經過介紹才知道她是位胸腔科大夫，而她的兩個女兒則死纏著哈達瑪不放，並且為了爭奪她右手裡的東西扭打著。至於那三名男孩則頗為規矩，或許是意識到自己已是社區裡的大男孩，必須表現得有尊嚴而且高貴，才不致於失態。另外，艾嘉・羅森渥斯也在座，只見他鬍子理得頗為整潔，全禿的腦袋閃閃發亮。接著哈達瑪又把我介紹給兩位上了年紀的女人，她們似乎是姊妹，目前正待在哈達瑪家裡，而且好像和那位年紀較大的男孩關係匪淺，但是，周遭的人太多了，我實在弄不清楚他們之間的關係，究竟親密到何種程度。

受邀的那天晚上是我頭一次進入她的家族「核心」，他們一個個都頗有來頭，有醫

師、律師、牙醫、稅務人員、業餘藝術家，以及各類專業人士，其中男的大多是老饕，對吃的頗為講究，而女的則大都是專業人士，不然就是自己開公司。一到了週六晚上，他們便會一起去欣賞歌劇，對於歌詞和曲譜也研究得十分透徹，此外他們每次都會先訂票，而且耐心地把座位逐次往前排移動，幾年下來，劇院裡最好的座位幾乎全被他們包了。在中場休息時間，他們並沒有用香檳來佐興，而代之以咖啡、糕點，不過喧嘩聲直逼樓下的大廳，害得那兒的表演者頻頻出錯，而他們還對此議論紛紛，並提出過份嚴苛的批評。後來我也經常伴隨著哈達瑪去欣賞歌劇，她訂的座位也始終在她老公後面，刻意保持著距離。在我們成為好友之前，她經常把票送給別人，但當她發現我也熱愛歌劇後，那些票泰半落入我的口袋中。每年的歌劇季是由初秋一直演到十二月的週六晚上，我們倆幾乎每次都會去，結束後就偕同另外一些熟識的朋友外出用餐，十二月份有兩次是我倆單獨在一起，其中一次更留到打烊時，最後還勞駕店員禮貌地催促、送客。猶記得我們在這家名為海耶斯街燒烤店的餐廳裡，痛飲了六杯上好的櫻桃酒，並一起享用了一大堆含有濃烈酒香的牛奶糖。那幾個晚上我們都頗為輕鬆愉快，就像是多年老友相聚那樣，互相舉杯、一起喁喁私語，快樂中甚至帶著一些輕佻的動作，也被視為理所當

然。

但是我第一次和她的家族共享安息日餐時，由於大夥是坐在一張長桌上，所以和哈達瑪只能遙遙相對，當時我身旁坐的是艾嘉以及另一名頻頻敬酒的男孩子，對面就是馬克斯。這種座位安排讓我備受矚目，也立刻讓哈達瑪有些芒刺在背，她的佔有欲似乎變得很強，不容許別人靠進我，因此我只好靜靜地坐在位子上。

用完餐後椅子都放了回去，那個留著紅鬍鬚的胖子彈著吉他，艾蒂絲姑姑手腳並用地打著拍子，而艾嘉則伸出手來準備邀舞，於是艾蒂絲抓著一名女孩，那女孩則挽住一名口中喃喃罵人的高大男孩，而他抓住那名女大夫，只見她帶著那群「小雞」，一步步慢慢地沿著長桌移動著，就像個不斷移動的大圈圈。每當有人通過桌子頂端時，就想用手去抓哈達瑪，而她則一味閃躲並且不停地笑著。就這樣我們暫時都成了彼此的舞伴，直到精疲力竭，這時，一名小孩突然對向我說了一個祕密：「哈達瑪從來沒跳過舞！」

哈達瑪從未翩翩起舞過？即使是她最普通的姿勢和動作，也十分地優雅動人。她有雙纖纖小手，手指細長精巧，一雙玉腿更是筆直修長，還有個模特兒般的臉蛋，以及細緻動人的頸子，再加上銀色的手鐲以及一雙熾熱而火紅的眸子，即使慵懶地斜倚在桌子

邊不想下去跳舞，那雙眼睛也會灼傷人。或許是由於她一直不肯跳，所以整個「舞群」故意圍繞著她一個人打轉，而舞群的一舉一動、一顰一笑彷彿也都隨著她的意願而轉動。

哈達瑪從未翩翩起舞過？如果我邀請她的話，她應該會跳，不過我真的要這麼做嗎？過了一會兒，年邁體衰的艾蒂絲和艾嘉退出了「舞池」，而隨著音樂和擊掌聲不斷地加快，我也移動得愈發快速，就在我像個陀螺似的旋轉到桌子盡頭時，突然間停下了腳步，然後向她深深地鞠躬，而她也在猶疑間緩緩伸出手臂，最後有力地握住我的臂膀，就像是被我從咒語中解救出來一樣。

我又再度成為一個男孩了，對男孩子來說，解決問題似乎並不難，只要跳到她面前，跟著她一起旋轉，再把我有力的手環住她的纖腰，然後踏著舞步，從桌子的一角興奮地大叫著走向另一角就行了。一時之間我們完全放開，也豁了出去，彷彿拋開了所有的壓抑、禮教的束縛和害羞。我有權向自己所愛的女人獻殷勤，由於我採取了這個態度，所以她也有所回應，由於我沒有片刻猶豫，所以她也就起而與我共舞。剛才我的那個模樣、有些滑稽的鞠躬，曾讓一個叫史蒂芬的男子心防盡撤，習慣性的搖頭動作也從

此不再出現，至少現在我也收伏了哈達瑪，一改她懶散而一味拒絕別人的習慣。看來那種速度、那種暈眩感，以及肢體動作中的那種激烈與衝勁，已讓她忘了過去從沒和其他女人共舞過。從她欲拒還迎的樣子看來，我敢說她一定愛死了我雙手纏住她纖腰時的那種渾厚有力的感覺，從我倆糾纏緊密的旋轉中，我也知道我們已經放掉身段，把自己完全投入於這股力量中。就在我縱身一跳想把她拉回來時，她也急切地轉回到我身邊，之後，我看到她眼神中有些不知所措的表情。

這是另一個讓我倆大笑得一發不可收拾的場合，不過，這卻不是第一次讓我倆感受到社交活動中那種戰慄、刺耳以及令人迷惑的一面。當然，其他的關係則是後來在她樓上房間的窗戶邊建立起來的，那晚我們促膝而坐、幾乎沒有交談，直到第二天凌晨，我們已經把彼此，推向一個奇怪而又無法預測的改變之中。

8 慧劍斬情絲

那隻銀白色的狗被拴在停車計時器上，只見牠昂首挺立，像個貴族似的，短短的毛皮閃閃發亮，彷彿剛剛才上過美容院。牠的主人只要給個命令，牠便會乖乖地在那兒等著，不管周遭發生了什麼事都不為所動。

至於那個有著淡棕色頭髮的高大男子，和一位在他旁邊亦步亦趨的女士，則正從樓上的照相館走下來。這兩人似乎都認識我的同伴，只見他們面帶微笑，迅速地向我們這邊走來，熱切地打著招呼。

我和馬克斯就是在這種情況下認識的。

之後，我壓抑著小鹿亂撞的少女情懷，向大家道別，轉身走向大街，一輛急駛而來的車子卻向我衝了過來，說時遲那時快，馬克斯一個箭步拉住了我，我渾身發著抖，他則用那結實的雙臂緊緊擁住我的肩頭。這就是我倆見面時，事情的經過。

當時那隻叫莫文斯的銀白色大狗豎直耳朵，眼睛直勾勾地瞪著肇事的汽車。那名駕駛停了車，一臉羞愧但卻慢吞吞的朝我們走來，口中忙不迭地賠不是。莫文斯一副懶得搭理的模樣，似乎對對方的辯解一點興趣也沒有，直接露出牠白森森的利齒，高吭地吠了幾聲。

我的同伴桑姆走過來，擁住我的臂膀，準備帶我離開。桑姆和馬克斯都是「社區巡迴醫療網」這個組織的會員，最近又在一場支援沙利那斯谷，葡萄採收工人所發起的罷工示威活動中碰頭。當時桑姆眉頭緊皺，是因為剛才馬克斯在生死關頭跳出來，以英雄救美的姿態博得大家的好感而不高興嗎？

桑姆和我往港口走去，而馬克斯則和他的女友相偕進城。這時我卻頻頻回首，好巧不巧的看到馬克斯也不時回過頭來看著我。所以當第二天一大早，我和桑姆接到他的電話時，並不覺得太意外。馬克斯在電話中邀請我們去他的船屋，參加新年夜派對。

桑姆想推掉，但我們還是去了。就在我們攀著高梯子爬到船上，以及在搖搖擺擺的甲板上前進時，桑姆還把手重重地壓在我的肩膀上。只見那兒擠了一堆人，大都三十不到，和我年紀相若，這些都是專業人士，有藝術家、作家，也有攝影師。沒多久我就和

他們打成了一片，像回到了自己的家，不過桑姆卻放不開，雖然在地方上他是個有頭有臉的人物，大家也都認識他，但一整個晚上，桑姆不僅十分拘謹、沈默不語，而且還悶悶不樂。

馬克斯坐在一把老舊的椅子上，表面已經磨損，露出裡面的絨線，看來似乎被那隻銀白色的狗摧殘了好多年。屋子相當昏暗，只有廚房裡透出一盞燈，此外就是窗檯上的一些燭火隨風搖曳，至於昨天出現在他旁邊的那名女孩，也如影隨形的坐在他身旁。桑姆走過來，遞給我一杯紅酒。

這時馬克斯拿起一把吉他開始唱歌，那是我從小熟悉的歌曲，接著又唱了一兩首詩歌，結束後只聽見一片驚嘆及鼓掌喝采聲。馬克斯彈的歌我都不陌生，歌詞甚至可以倒背如流，因此從那一刻起，我就認定那些曲子都是為我一個人唱的，在我眼中，馬克斯是那種能讓每個女孩子，不計任何代價想與他共度餘生的男人。之後，他又彈了幾首猶太搖籃曲、俄國民謠以及西班牙歌曲，其中那些猶太搖籃曲和西班牙歌曲我都很熟悉，而那些俄國民謠，我也曾在莫斯科的青年節慶祝大會上學過，就這樣，不知不覺中，我也跟著他唱了起來，有時唱走了音，還得勞駕他把我糾正回來。當他發現自己彈的每首

曲子都難不倒我時，索性把吉他放下來，從椅子上一躍而起，然後跑到我面前突然就跪了下來。由於他人高馬大，所以即使如此，對坐在椅子上的我來說，還是得抬起頭來才能看清楚他。

我們的雙親都是來自於東歐的激進派猶太人，知名的休倫阿雷契則是馬克斯的遠房表兄弟。由於我和馬克斯的背景相同，所以有些故事對我們來說早就耳熟能詳，老爸每次都能把那些故事說的懸疑性十足，並弄得我坐立難安，因此不管故事說了多少遍，我都會興味盎然地聆聽，所以有些結局我始終記不住。在這方面，馬克斯也和我有同樣的經驗。

當時他才二十幾歲，渾身散發著光與熱。仔細端詳，會發現他有湛藍的眸子，淡棕色的頭髮，以及高挺的鼻樑，這顯示出他是個容易受到傷害、敏感以及有智慧的人，而眼睛裡那股歡愉的神情，則清晰可見，彷彿是幸福的守護神。無疑地，他是我見過最帥氣英挺的男人，當時我的確是這麼想的，而且認定這種印象可以經得起時間的考驗且永遠不變。雖然我不是經過他身旁，還忍不住頻頻回顧的唯一女人，不過我們卻有如乾柴烈火。那天我們跳了舞，最後還因為兩人有聊不完的話題，而不得不停下來。桑姆則索

然無味地想打道回府，馬克斯鼓起了如簧之舌，打算說服我們留下來喝跨年香檳。那天晚上，我們到甲板上看煙火表演，我為了找到較佳的視野，還爬到船舷的欄杆上，這些動作本來就不算什麼，我知道該如何快速移位並且駕輕就熟地保持身體平衡。不過桑姆就看呆了，情急之下還摸索著爬上來，想抓住我的手，由於重心不穩，我開始搖晃起來，馬克斯見狀立刻上來抓住了我。

雖然只是一場虛驚，而且當時正值退潮，不過這個過程卻嚇出我一身冷汗。我知道自己在冒險，雖然可能會帶來意想不到的收穫，但也可能會造成無可彌補的遺憾。在我來看，馬克斯就是那種會在生死攸關之際，跑來搭救我的人。之後，他成了我的避風港，凡是在任何地方受到委屈，我就一定會回到他身邊。往後十二年，這種和諧與默契，卻隨著關係的淡化而落幕，一旦它的根基不穩，兩人的關係便搖搖欲墜。

和哈達瑪成為朋友之後，我把這故事講給她聽。

就在我終於忍不住撥電話給哈達瑪，向她傾吐愛意的同時，我就知道和馬克斯的關係已步入終點。還記得從前不知道多少次，在外面受到挫折和打擊回到家，雖然飛機老是誤點，可是，馬克斯卻始終會捧著一束鮮花佇立在機場，撫慰我受創的心。而每當我

被困在西海岸急欲返家，但又不敢一個人開車時，也總會打電話給他，而他則會在猶豫片刻之後，儘快地盤算一下，看看自己是否應該當機立斷、慧劍斬情絲，然後再決定是要把自己一手所建立的這種不明確，且不痛不癢的關係給一刀切斷，以避免再度受到傷害；還是撂下手邊工作，飛奔過來拯救我——有時這一趟就要他繞上大半個地球。

當時有許多女人都在想，如果沒有男人的話，人生就是一片空白，而哈達瑪就是當中的一員，當我把自己和馬克斯的關係告訴她時，哈達瑪一直沒弄明白我的意思。在我「穴居」的那段日子裡，馬克斯和我一直期待著一個，能讓兩人攜手共度人生的真實生活，可是，我卻未能一直廝守在他旁邊，而讓婚姻如同鏡花水月。其實我和他的共同點頗多，應該十分契合才對，但我倆都不想被對方牽絆住。人際關係就是如此，當你不想和對方再續前緣時，就會另覓他人，看來馬克斯和我之間也擺脫不了這種宿命。

我覺得每件事都是可以預先想像，也都是命中注定的，就好像我們的生命只是一個不斷重複且老掉牙的故事那樣，或許，絕大多數人的故事都是這麼拼湊起來的。最後的幾個月，我都在等待一個適當的時機，好正式結束和馬克斯的關係，只有這樣，我的人生才可能改變，而且和哈達瑪的關係也才能展開。這一切會順理成章的發生，而且一定

會循此模式發展。

有一段時間我會期待著馬克斯回家，那些日子的感受實在難以描述，因為，大部份的人都不知道時間停止運轉是什麼滋味。過去我經常在工作時打電話給他，把內心的痛苦、扎掙與煎熬都告訴他，而他也會儘快地趕回家裡。但有一天我打電話過去，他竟忘了回家，於是我又撥了電話到他辦公室，他卻不在那兒，我立刻跑到屋外等他。然而左等右等都不見他的蹤影，於是又打了電話給他的朋友吉姆，吉姆說，從一大早就沒看到他。接著我跳進了車子，在外面瞎逛了一會兒，途中還經過我們曾經一起喝過咖啡的電訊大道，並開到我們一起游過泳的俱樂部。

開車時，我可以清清楚楚地看到時光的腳步，正悄悄地穿過每個人的身邊，透過車窗玻璃，他們在那一頭似乎都能活出自我，讓生命變得豐盈而充實。只見陽光灑在他們身上，時光從他們身邊悄悄逝去，讓他們的世界看起來十分鮮活。但是，我卻孤伶伶又苦惱萬分地站在一處陰影下，當時，只有馬克斯知道要如何解除我的苦痛。只要他回到家，用那雙又暖又厚實的雙臂緊緊擁著我，讓我哭一會兒，我就會感覺好多了。其他人都沒有這把魔鑰，而過去，他從來不曾在這重要的時刻缺席過。

我沒指望他會出現在那家俱樂部，但我必須試試，於是走了進去，不料一進去，我就看見他正怡然自得地躺在太陽下看報呢！不過他始終沒瞧見我，我也一直沒趨前打招呼，就這樣，我靜靜地站在門邊，身子斜倚在一台販賣機旁。那感覺就像是他的祕密，突然在我面前被掀開來一樣，不管他相信自己是多麼地愛我，可是現在他卻表現出一副無關痛癢的模樣。

這並不是我所願意做的決定，而是不得不然，只是我們都不願意承認，何況此事他比我更傷心。我頂著大太陽在那兒等了約半小時，由於陽光太強，刺得我眼睛幾乎張不開，但卻可以感受到兩人之間那種無形的枷鎖，那種安靜也在瞬間變得清晰可聞。時光在我們之間慢慢的流逝，那種無法忍受的感覺，也漸漸消逝得無影無蹤。他不再想拯救我了，那我呢？如今也不再需要被拯救了嗎？

於是我轉身回家，三步併作兩步地衝進屋內，然後抓起電話撥給哈達瑪。電話中她把到她家的捷徑告訴我，掛上電話，我立刻奔赴她家，沒有片刻停留。

當有必要把事情弄明白的時候，卻往往會發現沒有一樣東西是可以弄清楚的，有些該說的話之所以會臨到嘴邊又嚥回去，就是因為知道它的時候已經太遲了。當時我和哈

達瑪的友誼才剛剛開始，這個我所見過最聰明、最具誘惑力、最具野心的謎樣女人十分矛盾，讓人無從捉摸，雖然能夠讓你死心塌地的跟著她，但也可以在瞬間讓你們那種親密感，消逝得無影無蹤，她就是有這種能耐，讓你為了她魂牽夢縈，期待著能共譜戀曲。

在我到達她家時，門已微微開啟，我輕輕地敲了敲門，然後聽到她在裡面答腔要我進去。她坐在一個房間的地板上，法式的門向花園的方向推開，她正把茶沏到茶杯裡，當我和她面對面坐在兩個相同的繡花枕頭上時，茶還兀自冒著熱氣，而她則將右手輕輕放在大腿上盤腿而坐。這是我倆第一次獨處，本來以為自己會有些怯場，但一切都是那麼地自然，彷彿老朋友相聚一樣。

我拿起面前的杯子，告訴她有關馬克斯的事，有關命運的本質，也告訴她愛的力量可以喚醒人們奇妙而茫然無知的心靈，讓它穿越時空、穿越永恆尋找到它的心上人。起初她看起來像個嬌羞的少女，似乎有點不知所措，但旋即高興得鼓掌叫好起來，拿起我的杯子便一飲而盡，然後再斟滿交給我，同時輕輕地把手放在我的臂上，高興地笑了起來。接著，她又一本正經地聽我傾訴，神情之嚴肅超乎之前我所碰到的任何人，最後，

竟嚶嚶低泣起來。

我立刻感到一陣天旋地轉，就像是參天巨木的根，啪的一聲硬生生被折斷，也像清純的欲望被什麼東西給猛刺了進去，而原先的輕率和不負責任也被針給扎了一下。我一躍而起，向前邁出一步，我知道這一時刻已經到來，於是跪在她面前。這時，她停止了哭泣，我托起她的臉蛋，放在兩個手掌中仔細地端詳，像是要吻下去似的。看來一切是那麼地順理成章，她倒在我胸前，臉蛋埋在我的肩頭上，兩個從未單獨喝過茶的人，卻這麼自然地激起了狂濤。

9 從昏睡中甦醒

我很懷疑，是不是有人把所有會發生在女性之間的事，統統告訴了我們。只要一走進禮堂，當了媽咪，或是首次做了祖母，就表示今後妳所面對的是多人的世界，家族的觀念對她們而言，比那些獨身的人更緊密，甚至還超過她們的丈夫和子女。然而，在這種親密的關係中，卻也隱含了一些共同的祕密。

即使沒有性，或只有性而無激情，只有激情而缺乏性欲，或是只有性欲而沒有任何示愛的言語，女人與女人之間依然可以很親近，她們可以從相視大笑，慢慢轉變到悄悄傾訴心事，進而到咬耳朵的親密關係，最後進展到官能、肉欲上的激情。沒有人能猜得準，認定友誼會在什麼情況下悄悄閃到一邊，進而由愛情來取代。

這種神秘的關係，會讓人產生想一探究竟的念頭。如果兩個女人之間產生了一些社會上無法認同的事情，那麼她們要如何共度每一分、每一秒呢？這期間到底會發生什麼

事？這種微妙的關係通常是默默進行、不明確，而且有些避諱的，所以即便是當事人，也很難摸清其中的脈絡。

當女人們在一起時，那種笑聲是男人們從來沒聽過的，如果一不小心被別人看到或聽到，笑聲就會立刻而且明顯的改變。那笑聲會變得像懷春少女一樣，遮遮掩掩、天真浪漫，而且羞答答的。但是，兩人單獨相處時，歡愉卻永遠不會就此消散。也就是說，兩個情愫日增的女人，也可以弄得神不知、鬼不覺。或許最佳的狀況是那種溫火細燉型，兩人一起「甦醒」，然後互相「啟蒙」，逐漸展開彼此的關係。通常男人，或甚至是整個社會文化都會被矇在鼓裡，此時此刻是不會意識到她們已經覺醒了，也根本不曾想像過她們之間會存在著什麼。只有這樣，才能守住這個祕密，不致遭到一些無可避免的質疑、窺探、嫉妒，或者破壞。

不過如果只有一方先「甦醒」，開始了解一些另一方所不知道、承受不了、不能知道，或是不願意承認自己知道的事時，困難度就會提高。然而即使這樣，甦醒的一方仍會緊緊抓住對方，抓住那個無法獻出自己、但卻始終割捨不下的另一方。

這時，甦醒的一方會先了解到一些值得了解的事，而仍未甦醒的一方則仍茫然無

知。前者會希望後者也能像自己一樣，但對於可能牽涉到的風險，卻未必會樂意接受。或許她相信可以藉由照顧對方、與對方保持密切關係等方式，慢慢讓另一方發現到這些付出與轉變。或許原本厭惡這種感情的另一方，也會被朋友的改變弄得意亂情迷，她會親眼目睹這些改變，也會意識到對方已陷入情網，雖然此時她是那麼猶豫不決、欲拒還迎，也不願承認這段愛情和自己有關，然而當對方那股欲望開始在她身邊徘徊不去時，她就會查覺到它已火辣辣的出現，也意識到對方的熱情、細膩、體貼，以及無微不至的關懷和呵護。

從前「昏睡」的她也會因此而甦醒嗎？我是不是該輕輕的搖醒她？何不握起她的小手，把她拉到跟前，看看她會如何反應？但如果喚醒她的方式過於粗糙、野蠻的話，又會怎樣呢？因此一切都要小心謹慎，步步為營，盡可能把自己的每一分、每一秒都用來陪她，晚上坐在她的床沿，在她沈沈睡去時說故事給她聽，但千萬別叫醒她，也別讓她發現自己變成了男孩。只要靜靜地等待，珍惜這個比自己慢些甦醒的愛人，並且仔細注意衝著妳而來的每個信號和暗示。

10 愛的表白

有時候，你是否會覺得自己很想邁開大步，做些瘋狂、不負責任，而且會改變自己整個人生的事？當我在車上猴急地把哈達瑪拉近我身邊時，她還會問我為什麼要這麼做？然後猛然回到自己的座位上。這種態度在完全出乎意料的情況下突然發生，不過，它消失的速度也和出現時，一樣讓人措手不及。因此，我始終提高警覺，生怕錯過它們來到或離去的關鍵時刻。

我把車停到附近一個昏暗的街道上，過去她就常往來於這條街，到她最喜歡的餐廳去，而隔了幾戶就是那座廢棄的教堂。她認識這家餐廳的廚子，也相信他可以為她及她的賓客們，弄點別出心裁的佳餚美食。那間餐廳不大，食物倒蠻可口，在接近我們那桌的轉角處，有個燒木材的爐子，我還以為這就是我倆獨一無二的小小天地，不過事實上她經常光顧這兒，而且也未必都和我一起來。

當我們步下階梯時，她回過身來緊緊握住我的手，「怎麼樣？」

我仔細審視她的每句話，以了解它們是否和我有關。

「我當然想改變自己的人生！」在我開啟那道沈沈的大門，讓她先進入餐廳時，說道：「每天一大早醒來後，我就開始思索該如何改變自己的人生，而且一整天，甚至每個晚上都在想這件事。」

「是喔！」她回答道，就好像衷心了解我談的是什麼那樣。

「尤其是從遇見妳以後，更是讓我成天想著這些事。」

「來份甜點！」她不以為意地舉起手，叫住了一個穿夾克制服、打褶襯衫和褪色牛仔褲，而且裝作沒看見她的侍者，「尤其碰到我以後更是如此？」

她口氣裡有些好奇，就好像完全不知道在我們之間，那種日益增長的親密關係似的。不過在其他場合裡，她似乎又很清楚我們是互相倚靠、珍視彼此的人，甚至有時還會信口說出這些話來。但當我下次再遇見她，希望她能繼續這樣坦白，甚至希望這種親密關係能進一步發展時，她卻似乎把過去的一切，都忘得一乾二淨，彷彿過去從未發生過一樣。

我怎麼會就此退縮，於是繼續說道：「沒錯！尤其是遇見妳以後……這會讓妳大吃一驚嗎？」

我一直期待她能回應這種直接的挑戰，而這次她也沒讓我失望。

「我注意到我們的友誼似乎對你意義重大，不過妳必須要了解，金，這件事對我來說也很重要。」

這句話讓我一時之間屏住了呼吸，當我們並肩坐到角落邊的那張桌子時，這聲音細如蚊蠅。那是個仲夏夜，略帶些涼意，那只銅質的火爐上正燒著些小松果，火光照亮著周遭，也燃起我們熾熱的心。

餐廳裡還有個酒窖，只要穿過桃花心木做的吧檯，再爬段陡峭的梯子就可以在那兒，看到一瓶瓶的酒儲存在大板條箱中。侍者帶了瓶她最喜歡的酒，那是來自於安德森山谷的查多那，相當烈。侍者為她斟了一小杯，她微笑著試了試，氣氛也因此而變得愉快起來，哈達瑪開始展露她那種容易讓人想入非非，完全拋掉禮教束縛的能耐。

我們開始熱絡起來，她說了些意味深長的話，但旋即又顧左右而言他。過去我就曾觀察到這種情形，隨著時間的推移，我也逐漸習慣了她的說話方式，比方說她常提到我

對她的意義是多麼地不凡，但沒多久就轉開話題，把我弄得一頭霧水，真懷疑她剛剛是否真的講過那些話。

我幫她斟了酒，她啜飲了一口，然後把自己的杯子舉到我唇邊。這訊息已經很明顯了，不是嗎？我們要彼此把頭朝著對方彎下，然後共飲一杯酒，這不是喝交杯酒嗎？哈達瑪也似乎有意無意地創造出這份矇矓的親密感，好像她人格特質中那種狂野的成份有種特殊魔力，可以讓對方被她牽著鼻子走，而從不要求她該負起任何責任。

現在我對她的這一切都已瞭若指掌，我相信她正試著在自己身上找到一些，藉由對方而達到改變自己人生的能量。

「哈達瑪，告訴我！」我把自己的酒杯給斟上，從容不迫且有計畫的開口說話，我有意讓她玩的這種捉迷藏遊戲破功，直接切入正題，讓兩人面對現實，「妳真的希望改變自己的生活？我們之間的友誼對妳而言，真的是這麼意義重大嗎？」

我看得出此刻自己已完全吸引她了，也逼得她不得不全力應付我，而無暇他顧。只見她漆黑的眸子移到我身上，與我四目交會，從神色中可以看出她吃了一驚。

「我嗎？」她自言自語，彷彿頭一遭碰到難題，「我想改變自己的人生嗎？沒錯，

我想要這樣，我實在厭倦了目前的生活，再也不願坐等史蒂芬改變他的想法，或是下定什麼決心。有時當我沈沈入睡，會聽到有聲音在叫我，那聲音是那麼地清晰可聞、那麼神秘、那麼嘹亮而密集。我立刻坐起來，覺得有人在呼喚我，也覺得自己應該有所回應。但是，這呼喚代表什麼？該怎麼回應呢？」這時她聲音低沈下來，目光也離開了我，「我覺得妳會了解這種事的，對嗎？」

每當她打算解決什麼緊急狀況時，都會表現出這副絕望的樣子，所以很顯然這不是第一次。那副神情就像被人狠狠地拋開，再從高處摔落下來，而且，只有我一個人在那兒接住她，讓她不致於繼續沉淪。

「哈達瑪，依我看來，這是一種嶄新的意識，表示妳已經有了全新的開始。」

「就好像我倆攜手展開一段旅程嗎？妳也這樣想對不對？妳就是那個我一輩子都在等候的人？我無時無刻不這麼想，次數多得簡直連我也說不上來。就好像所有的事，都只是在為這些預做準備，為此而彩排一樣。」

她說這話時的神情像是在做夢，十分出神，也有些奇特，就彷彿連自己都對自己所說的話大吃一驚，也彷彿下一刻就會立刻清醒過來，然後不斷地問自己：剛才我真的說

過那些話嗎？

侍者把精心配製的青菜沙拉和羊肉起司放在我們面前，然後焦躁地瞅著她，似乎在等待著她的致意。

我快按捺不住了，生怕他會打斷這美好的氣氛，只有暗自祈禱他早點閃到一邊去。期待許久的「交心時刻」眼看就要來了，可不能被他給破壞了，否則下一次還不知道要等到什麼時候，才能讓我倆互訴衷曲。

然後哈達瑪含含糊糊地朝他點了點頭，然後茫然地看著面前的餐盤。他只好聳聳肩，掉頭就走。接著，她又把目光移向我，似乎有些震驚的望過來，最後竟一把抓住我的手。

「妳真的明白這一切嗎？真的？」

之後我們在一起共度了好幾個禮拜，那些日子我們每天都打電話、外出散步、旅行、到對方的家聚聚、晚上坐在一起聊到半夜、相偕去餐廳，或是一起見見她的朋友。有人會說這就是在感受彼此，它可以讓我們把一切都拋諸腦後，可以讓我倆找到對彼此的意義，當然，這就是愛苗在滋長。

我該把這些說出來嗎？如果我76是個男孩，我絕對會說，而且會迫不急待地趁現在這千載難逢的機會說出來。但現在可不行，如果現在就說，只會把她給嚇跑。我身上那股男孩子的特質，也會在隨意間出現或消失，有時我覺得這和哈達瑪有關，有時也認為這是因為我尚未離開馬克斯所致。要是男孩子，這時就會伸出手臂環住她，把她緊緊擁入懷裡，說些甜蜜的貼心話。可是，我卻永遠不可能單憑自己的意念，就和她發展出微妙的親密關係，如果她不願意，會讓我從此退縮不前。

「有時我覺得自己已經了解了這一切。」我毫不迴避地說道。此刻我需要具備女人的那種智慧與判斷，解讀各種肢體語言，以及掌握各種細微線索的本事。

這時她的身子向我傾過來，和我十分的貼近，好像期盼我說些安慰她的話，甚至在她耳邊說些悄悄話。不過當她看到我仍然一動也不動後，嫣然一笑，「妳要叫我猜嗎？」語氣中充滿信任。

這是我第二次認為時機已至，但她的笑聲又突然讓我意識到，她還不清楚此刻的交談，會把我們帶到什麼境界去。即使在前一刻已經了解了，但在這互相表白、互訴衷曲

的時刻，她也應該營造一些浪漫的氣氛，或是藉各種表情、動作來拉近彼此的距離，讓我們更加親密，怎麼可以發笑呢？哪個女人在做出愛的告白時會發出笑聲？顯然哈達瑪這麼做過於輕率，過於隨便，似乎有意無意地在嘲弄我，也似乎欠缺任何處於此一時刻的人，最容易出現的那種焦慮感。除非，她又開始玩起那套吊人胃口的老把戲。

這可能嗎？

侍者走過來了，想看看我們究竟是怎麼回事，因為，我們的食物連碰都沒碰。哈達瑪抬頭望著他，沒有一絲一毫難為情的神色。「我們吃不下！」語氣中散發著無比的魅力，「我們在玩猜謎遊戲，現在正是高潮……緊張又懸疑。」

「噢！」侍者似乎更興奮了，「想知道答案就問我好了，而且我這兒有最難解的謎題。」

接著我和哈達瑪又再度獨處，只見她拿起叉子，把灑了黑胡椒的比利時萵苣切下一片。先前我倆的話題已經結束，現在換成我感覺到，像被人狠狠地拋到九霄雲外，然後又重重摔下來，可是，哈達瑪並沒有在下面接住我。

她若有所思的慢慢吃著，然後用手肘輕輕推了我一下，要我也拿起刀叉用餐，「這

是覆盆子醋耶，」她試探性地說道：「它混了些紫米醋，一點點味噌，或許……或許還有……」

「哈達瑪！」我的耐性快要磨光了。

而她卻笑得很燦爛，那笑容讓人眼花撩亂。

「吃嘛，快吃嘛！」她不斷地安撫我，「我們已經談了一整個晚上，吃完飯後，我會帶妳到一個從未到過的地方。我向妳保證，那地方妳絕對不知道。史蒂芬在幾年前發現了它，大家都叫我們別去，但等一下我們就走，在那兒可以無話不談。」

她似乎在向我暗示，餐廳這個公共場所不適合我們之間的話題。那也表示她一定知道我們要談些什麼，只是有意拖延，直到她找到合適的時間和地點。

「張開嘴啊！」她說道：「再不吃的話我就要餵妳了。」

這種命令式的溫柔體貼立刻讓我安下心來，我知道這是針對我們周遭環境所做的一種示愛方式。於是我張開嘴，讓她餵了一小口沾著少許白起司的萵苣。此刻，她以一種近乎挖苦的表情默默注視著我，彷彿我們這對「共犯」在公開場合中，以另外一種更隱密的方式做愛，而且極盡花俏惹眼之能事。

「很好！」在我張開嘴時她喃喃低語：「但沒想到妳會這麼服服貼貼的。」

我知道當有人說他頭昏眼花或是無法呼吸時，隱含著什麼樣的意思。不過，被愛人餵食的那種感覺卻像是吃了人蔘果一樣，立刻讓人通體舒暢，愉悅感傳遍全身。

看來在我們眼波流轉及一顰一笑之間，已道盡了一直想要訴說的話。此刻她輕輕倚著我的肩頭，以一種近乎狂野的方式餵著我，似乎已把一些無法在公開場合說出口的話，說了千萬遍。如今反而輪到我開始猶豫和疑惑了，我小心翼翼地解讀她所說的每句話，以及所做的每個表情和動作。看來哈達瑪跨出了相當大、相當大的一步，還這麼迎合我、誘惑我，就只差……如今我只要相信這一切，並及時做出反應就可以了，如果現在我是個男孩，斷然無法跨越那種微妙且難以捉摸的巨網，堂而皇之的登堂入室。

11 交換祕密

一條長長的小徑蜿蜒在海灣和那小小的遊艇碼頭之間，離高速公路沒多遠。她說得沒錯，我過去從未來過這兒。在夜深人靜時，一股奇特的光線透過薄霧斜射過來，那兒是一水之隔的奧克蘭港，光線在暗夜之中顯得分外眩目、豔美，而且幾近全白。

每次開車進城我都會經過這兒，來來回回不知道有幾萬遍了，可是卻從未想到要駐足片刻。我常在想，以城市人的悲觀角度來看，這地方應該算是化外之地，比較容易發生搶案，是犯罪的溫床，至於附近的山區多半是給觀光客休憩用的，和我八竿子也打不著。另外附近還有填土而成的陸地，那裡本來不應該有商業活動的，可是卻建了些旅館，以及食物難以下嚥，但價格卻貴得離譜的高級餐廳。

「等一下！」哈達瑪說道：「在這兒想走多遠都沒人會攔妳，要跑要跳也悉聽尊便，史蒂芬一直在尋找這種人跡罕至的地方，在它遭到人類的瘋狂破壞和愚蠢荼毒之

前，妳看到的是一片遠離塵囂的天地，什麼餐廳、旅館、高速公路，都被它拋得好遠好遠。如果五分鐘後，妳仍相信這種美景早已司空見慣，而且也可以在其他地方找到的話，那……」

「好啊，那就怎樣？如果我相信的話又會怎樣？」

「那我們就得去看看囉！我並不擔心這個，我知道前面有什麼。」

自從我們離開餐廳後，她整個人就完全放鬆了，一副怡然自得的樣子，還故意在我們四目相交時轉過頭去，然後又在我大失所望時猛然抬頭望著我，或是在我扭頭就走的前一刻，放肆大笑，然後兩人緊緊相擁，我們關係的掌控權似乎又轉到她那裡。這讓我害羞，並且覺得自已年輕了好多歲，（這可好啦！一個會害羞的男孩！誰喜歡這種男孩？）。這種心情，就像是第一次帶高中同窗的老姊外出漫遊一樣。

走著走著，她挽起了我的手臂，而我手上則掛著她的風衣和兩條圍巾。起初我們一片靜默，就好像我們心裡都有個譜了，知道等一下該說些什麼，或是做出哪些承諾一樣。

我們的右手邊是個遊艇碼頭，小艇在薄暮中雖被繫了起來，但卻不停地搖晃著。

天黑的速度似乎愈來愈快。

「現在已經是夏末了，」她的口氣似乎特別高興：「不知不覺中白天已愈來愈短，而我們也漸漸習慣了這種變化。」但此刻我的一顆心卻七上八下的，生怕在我們促膝長談前，天氣就變得又黑又冷。

這片寂靜留給我充裕的時間去觀察她的姿勢、動作，以及臉上的每個表情，不過也留下了一個謎團給我。這時，幽暗的海浪開始用力拍打路邊的岩石，而且風勢也大了起來。我們離海邊很近，只有幾英呎遠，空氣中瀰漫著一股石南花的幽香，以及海水的鹹味，接著，我們經過了最近的一棟建築，那是座臨海的餐廳，像個棄婦一樣孤伶伶地佇立著，看起來的確就像哈達瑪所形容的那樣，有種遠離紅塵俗世的感覺，我們就像經過一個已被世人遺忘的荒島。那條位於石榴草和絲柏之間的小徑十分狹窄，不過就在我們轉了個彎後，被眼前那片出乎意料之外的蠻荒景象給震懾住了。此刻柏克萊已經消失在一片絲柏林子之後，孤傲地橫亙在海灣邊的塔瑪帕斯山則被一片迷濛的霧靄所籠罩，美得像一座聖山，給人一種只可遠觀而不可親近的印象。接著又看到幾艘小艇駛回岸邊，

而那幾座橋則慢慢隱身於夜色和迷霧之後，這裡一片海闊天空，任由我們翱翔。

我們找了張椅子坐下來，離那盞昏暗而孤獨的街燈僅有數英呎之遙。如果霧沒這麼濃的話，從這兒可以清楚地瞧見那三座橋，看著它們默默而永恆地擔負起溝通兩地的重責大任。看來這是個行家所精心挑選，可以好好談話的地方，只要起個頭，相信就會欲罷不能。哈達瑪挽著我的臂，輕輕斜倚在我肩頭。我傾全力解讀她的這些動作，而男孩的害羞也被成年男人的謹慎給取代了，頃刻間更覺得自己突然長高長壯了，就像是已變成了昂揚七尺之軀，可以保護女人，給她們帶來安全感，也似乎是我們已經可以無視於愈來愈暗的夜色，因為我力量無窮、一無所懼以及隨時保持警惕的樣子，已讓這危機四伏、叫天天不靈，叫地地不應的約會地點看起來安全多了。

她一語不發，握著我的手，我用眼角的餘光偷瞄著她，不知道這美麗的小姐究竟是怎麼了。她看起來一派輕鬆自然，好像進入了夢境，也似乎忘了我們是為什麼到這兒來。在微弱的燈光下，我可以清楚地看到她的身影，但卻無法藉著對她的持續觀察，拼湊出一個具體的形象來。是因為我們已有了充分的溝通，她才能這麼心平氣和地面對我？還是我們已經有所超越，而無需再談話或示愛了？她是那種會在不知不覺中跌入愛

的漩渦，然後一種表情接著一種表情不斷出現，直到要達到最終的親密關係時，就猛然踩煞車的女人嗎？

我血脈賁張，體內有一股衝動快要爆發，而且也顧不得什麼禮教了。我可以想像自己該如何地跳到椅子上，緊緊摟住她。這種事似乎很簡單，而我的肉體也在蠢蠢欲動，想要擁她入懷。她會遲疑嗎？會拒絕嗎？我心裡一點底都沒有。四周一片寂靜，而她逐漸往我這邊靠的動作，似乎也在對我暗示：「歡迎！我舉雙手投降！」

不過，她的神情卻突然變得很哀傷：「想想我們的蜜月真是不堪回首，」這時她已離開了椅子，「我們只窩在農莊和小旅館裡，因為，史蒂芬知道我們在那兒可以得到新鮮的蛋、奶油以及自製的麵包。和他一起旅行的滋味真讓我難以啟齒，對於尋找人跡罕至的世外桃源、大家所輕忽的一些好山好水、保有壁畫的教堂、或是只聽得見孩童清純歌聲，絲毫未受文明污染的一些窮鄉僻壤等等，他可真稱得上是箇中老手。史蒂芬是個渺小、無足輕重、生不逢時以及一直受到忽視的詩人。對我來說，這簡直是一個受到文明洗禮，卻讓人有所感觸的世界，正在對我展開雙臂，在那兒我可以從容地優遊，就像回到自己的家一樣。可是，我的家人卻不喜歡他，他們覺得他是個無能、眼高於頂以及

裝模作樣的人，甚至連艾蒂絲姑姑也不喜歡他，而妳也知道，她是個能左右一切的人。」

我所提供的世界能夠和他的相比嗎？我也是個能發掘內心世界的行家，可以帶給她全新的感受，但是能和史蒂芬一樣讓她心動嗎？她以前曾提到過史蒂芬，我也發覺她現在正在向我坦白招供，和我一起分享她的祕密，這些親密的話她是絕不會對任何人說的，甚至連史蒂芬都不會。這一次我雖然不願意相信，但她吐露心事卻只是一種託辭而已，她想從我們之間的關係中逃脫，遁入那個熟悉的悲傷世界中，因為那裡比我們的世界來得安全些。

我把風衣披在她肩上，並把圍巾緊緊繫在她的頸子上。她似乎沒有注意到，只是一個勁兒地直視著我的眼睛，彷彿急切需要我在這緊要關頭留在她身邊。我想，這同樣的過程得再走一遭，才能到達我們的目的地。

「什麼地方不對了？這樣不對嗎？還能怪誰？這些事一旦發生就要有人被責怪嗎？和他在一起很快樂，我通常不是那種會錯過這些事的人，尤其在它們別具意義時更是如此。我甚至不知道這種快樂是從什麼時候開始的，我自己曾試著去了解，但卻始終不明

白是從哪一天或哪個時間點開始轉變的。金，妳在聽嗎？」她攫住我的臂膀，說道：「這些話妳一定得聽，我以前從來不曾對妳說過。和他在一起很快樂，我們曾一起在外遊歷好幾年，他把自己所知道的都一股腦地教給了我，那種從細微且難以分辨的事物中認清本質的本領，是我過去所不了解的。我們一起去拜訪有名的藝術收藏家，到那些已經被遺忘的地方去。我整天待在他那個與眾不同的世界裡，漸漸地也對那個世界神魂顛倒起來，成天只接觸那些沒幾個人了解的音樂、傾頹的古老建築，以及城裡面那些和他一樣，一輩子沒幾個朋友的怪人。不過之後我們又都突然變得不快樂起來，而他也漸漸成為一個孤僻冷漠，使人無法親近的人，我永遠都想像不到他竟然會那樣嫌東嫌西的，彷彿我每次出現，對他而言都是個試煉，都是個折磨一樣。就這樣，我對他徹底死了心，不想再挽回，也不想再千方百計吸引他的注意了。真想不到妳過去也曾像這樣迷失過……噢！不！我相信妳不曾這樣，不曾像我一樣徬徨無依，也不曾對其他人的情或愛徹底失望過，更不曾放棄那種吸引他們注意的念頭……。」

過去我曾看她哭過，臉部表情僵硬，一副哀莫大於心死的模樣。可是這次我知道她是過於悲傷，反而沒有哭泣，她只會因為自責或受到屈辱而哭。我真怕下一刻她會突然

大哭大鬧。

「我是個盛氣凌人的女人，」她搗著嘴含糊地說道：「妳根本就不知道我有多狂傲，有時我朝思暮想盼著他回來，因為我被怨恨衝昏了頭，一直想要報復。所有的愛、所有的渴求與所有的期盼，都已經在好幾年前就被這種念頭給燃燒殆盡了。我想告訴妳的就是這些。」

這時她的神色有些狂亂，深沈的眸子好像利刃一般。她抓起我的雙手，放在自己膝蓋上緊緊握住。本來我覺得自己應該會被這樣的告白方式深深撼動，應該會大吃一驚，壓抑已久的激情也會被攪得翻騰不已。不過，當她那樣做時，我卻一點感覺都沒有。我面無表情，不敢置信，好像目睹了一場目眩神迷的表演，那時我心中想著，到最後她一定又會藉故逃避。

「妳什麼話也沒說，」過了好一會兒她才幽幽說道：「這不像妳耶！妳一向是滔滔不絕的，也一直很體貼，幾乎是有求必應。」

「對不起，請妳原諒我！」我低聲回答：「我實在是不敢置信。」

她有些吃驚地望著我，似乎對我的回答很訝異。我想她心裡一定是相當重視我的，

也很希望我能理解她。「不！我不相信！」我不想掩飾自己的怒氣，「如果妳是在兩年前告訴我這個故事，我就會相信妳說的都是實話，但是現在，這已是個老掉牙的故事了。沒錯，即使妳以前沒告訴過任何人，這仍然事件老掉牙的事，也和我不相干。那種報復的念頭說穿了，只是代表妳已經發現自己不想再繼續下去，也不想為了新的人生、新的轉變或新的動力而冒險而已。換句話說，妳已經退縮了，就像是河水順勢一滴滴流下山一樣，我是不會被它感動的。」

即使我事先練習，或是擬好一套策略，現在也勢必無法走出一步更好的棋了。聽到我的話，她把臉縮了回去，並且開始笑起來，看來我讓她吃了一驚，所以只好用一種出乎她意料之外的方式來回應我。她站了起來，好像得找其他地方來容納自己的激情一樣。接著又快步走過那盞路燈，然後扭過頭來急切地說道：「這一切妳都了解嗎？我說的夠清楚了吧？妳似乎比我還了解我自己。太好了！如果我願意繼續前進的話，就不需要執著於報復的念頭，對吧？但是，繼續前進又代表什麼意思呢？繼續前進到什麼地方？去幹嘛？這會和妳有關嗎？」

我聳了聳肩，突然之間覺得有些精疲力竭，其實也難怪，為了應付這好幾個小時的

懸疑劇情，我集中所有心力注意她舉手投足和揚眉斜睨時的每個動作，連最細微的都不放過。甚至我們兩人的膝蓋、雙手或肩膀靠近到什麼程度，也都在密切觀察著。這樣幾小時下來還吃得消嗎？我的世界彷彿就是她的世界，我們在一起所做的每件事都充滿了特殊的意義，不過對於這些，她似乎一點也不知道，只是隱隱約約或模模糊糊地意識到只有與我攜手同行，才能找到她的未來。看來只有等她清醒過來，並決定好我們的生活方式，才能繼續走下一步棋了。

我知道自己幾乎能搞定每件事，可是這件呢？我們可否相偕坐在世界的某個角落裡，擠在一起取暖，對抗陰暗、蕭瑟的寒冬？我們可否手牽著手、促膝凝視著彼此，等待著對方的下一句話？我們是否也能一起把這件事給搞定？

「在我回美國嫁給馬克斯之前，曾在以色列待過，在那兒我愛上了個女人。」

她冷靜萬分地注視著我，似乎在等我繼續說下去。

「結局並不圓滿，但卻讓我意識到女人有些地方是值得去了解的，而我自己和女人的關係也是值得探究的，同時也意識到有朝一日我得找到些什麼，並更進一步掌握幸福的人生。」

「沒錯！」她有了回應：「我自己也曾有過這樣的想法。如今她結婚了嗎？她愛妳嗎？」

「她愛我，」我的語氣有些遲疑：「沒錯，席娜絕對是愛我的。」

「那結局怎麼會不圓滿呢？」她在一番深思熟慮後終於開口問道。

「最後是以暴力收場，她丈夫打算宰了我！」

「這種日子總算是熬過來了吧？不過同時妳也迷失了，更執著於自己的信念，而這正是妳不相信我的原因，對不對？」

「我不相信妳的原因是，當我們被理想牽引，一步步往前走，方向清楚而明確時，是不可能會有什麼東西把我們給拖回去的。其實，我們只要堅決相信這個理想或方向，並且遵循著它前進就行了。」

「我明白了，」她淡淡地說道。我太了解她了，知道她會再度溜走，其實她明白我想要的是什麼，但她卻寧願選擇逃避。「真有趣！這論點很吸引人，再說下去吧，妳一定可以告訴我更多的。」

但我實在無法更挑明地跟她說什麼了，而且當時也不是時候。我可不能說是因為我

知道妳愛上了我，而且也知道橫亙在我們之間的只有那些執著的念頭，而妳的那套說辭，一點也無法令人信服。當然，我也不能衝著她說：哈達瑪，快醒來，如果妳對我一點感覺都沒有的話，還會和我窮耗在這兒嗎？在她還沒打算把我的話當回事之前，我什麼話都不能對她傾訴，也不能用臂膀環住她，把她拉到我身邊，對她耳語，或是吻醒她。雖然我身體的每個部位都確切明白該如何展現出那些動作，雖然我很了解這些動作的必要性，以及她是如何渴望著它們，但不管她是否願意承認這些渴望，我還是什麼都不能說。

一起走回車上時，我什麼都沒說，不知道今晚的談話是拉近了兩人的關係，還是在兩人之間畫下了休止符。

我明天還會有她的消息嗎？她還會跑來和我說話嗎？如果她來，是因為她已經忘了昨晚的一切，包括我們是如何度過那個晚上，我們說了些什麼話，她如何餵我，如何小鳥依人地靠緊我，如何抓住我的手，在漆黑迷霧中，把心裡的祕密告訴我，以及在我們回到車上時，如何緊緊摟住我雙臂的嗎？

在車子開到我家門前時，我把身子靠過去，和她吻別。而她也用雙臂環住我的肩

膀，並說道：「現在我知道妳走過了什麼樣的坎坷路，妳在談到以色列的那個女人時，我就在妳的眼裡瞧見了。」

「那已經是好久以前的事了。」

「我實在不願意想到妳過去的那段日子，妳真把我給嚇壞了，也讓我心如刀割，可是妳現在已經好了，對嗎？快告訴我妳已經沒事啦！」

「在我不斷被過去糾纏的時候，」我發現她在不知不覺中又變得柔情似水起來，「在很早之前，我就告訴自己一定要找到另一個全然不同的人生。」她體貼的笑了笑，就好像我再說什麼都無法讓她震驚了。接著她的臉蛋又緊貼到我肩頭，而我也再度感覺到她是以自己特有的方式，來顯示對我的愛有多麼深。

「我們倆都會讓愛有生存的空間，這是我們的共同處，但一次對我來說就已經足夠了。我不想說得太多，夠了，真的！」

「妳已經決定不再去愛了嗎？」我儘可能地保持輕鬆自然。

「絕不再愛了！」她擰著我的鼻子，像在表示這段談話已是多餘的了，「至少在我發現世上有人比我更懂得愛之前，是不會再陷下去了。」

我會是那個人嗎？男孩子一定會這麼問的。但是，她這樣說，也可能是正在為我們的關係畫定界限，告訴我如果越過界線，我們的關係就會告終。當然，男孩是不會接受這種條件的，如今我頗能體會他們的感受，身為男孩的他們一定會鼓起勇氣強迫她就範，會提高自己的意志力以對抗她的意志。但是，我碰到哈達瑪就沒輒了，會退縮不前，鼓不起一點勇氣，因為我又再度產生了疑惑，搞不清楚她的意志是否會因此動搖，也不知道這麼做對這女人究竟有多大的意義。

我目送她開車離去，同時也聽到馬克斯在我後面開門的聲音。他一直守候在那兒，看到我回家好像鬆了口氣。而我也得到喘息的機會，他的現身使我步出了那個讓我和哈達瑪一起載浮載沈的迷霧世界，那種感覺就好像我和哈達瑪是水中生物，對於過去那段陸地生活只保有遙遠的回憶。

哈達瑪已經走遠了，不過還斜倚在車窗邊向我揮別。我有點不知所措，不知道是為了剛才的情景感到難為情，還是為了兩人關係日後的發展而手足無措。我只要不再遲疑，然後展開行動就可以了嗎？男人會讓女人陷於暴風雨中嗎？或是我該像女人那樣有耐心，一步步慢慢來，等候著她自己甦醒？

12 化作男兒身

馬克斯和我從來沒有討論過，我們的關係為何會走到盡頭。向來我們也沒有這種習慣，在婚姻關係步入歷史之前的最後幾個月，我們還會彼此凝視對方，好像我們是南下和北上兩列火車上的乘客，素昧平生，只是在火車錯車時隔著車窗互相對望那樣。如果現在他對我的愛和過去一樣多，會隔著車窗對我大叫大喊嗎？他會這樣嗎？會的！他一定會打開車窗跳出來，然後躍過月台向我這兒飛奔而來。不過此時此刻他卻好像認了命，願意放我去單飛，就好像我只是暫時離開，不久之後就會回到他的身邊來。

在我動身前往以色列之前，他就告訴我，我們的生活會緊張一陣子，然後才會分開，但最後終將復合。不過，他在故鄉的老友卻提醒他，兩棵樹為了通過同一個隧道，樹枝會暫時交合在一起，一旦出了隧道，面對寬闊的天空，就會自然而然的再度分開。似乎他無法失去我，但我卻不一樣了，而我也認為，他並沒有想到如今我已走到了一個

人生的十字路口。

即使是我的身體，也在這時開始有了一些改變。過了夏天我逐漸地消瘦下來，不過肌肉卻更加發達，變得孔武有力，心情也更舒暢了，就好像卸下了千斤重擔，卸下了過重的責任一樣。

這幾個月是我的默默求愛時期，她似乎知道，又好像不知道，有時會猛然想起，但最後又對我倆之間的激情一再迴避，彼此的關係變得曖昧不明。而我們之間的談話，也似乎愈來愈帶著雙重意義，她會聽出明顯的一面，而我則仔細聆聽、推敲那些暗示。至於她的親密動作，像握住我的手、替我撥開蓋住眼簾的髮絲等等，則完全出自於無意識下的自然反應，毫不做作，且必然對她自己產生很大的衝擊。她從不懷疑這些動作所代表的意義，但對我而言，這些動作無異是在暗中渲洩她的欲望。

對我來說，很希望她能更專心些，無論是表達自己的意思、改變意向、抑或是展現自己所知道的、猜到或是不想知道的事時，最好都能集中精神與注意力。我很怕在她贏得我之前，我就先失去了她，也怕她對於自己所做的抉擇沒有準備好，而導致我得而復失。

女人是舉棋不定的，我曾夢到自己在國外的城市裡閒逛，忽然在街角瞥見了哈達瑪，於是立刻尾隨著她，不過卻跟丟了；然而隨後又看到她從一個小店裡走出來，手臂上挽了個袋子，忽然在街燈旁停了下來，兩眼看著我，只是不一會兒又消失不見了。又有一次夢見她牽了隻小狗，正沿著阿姆斯特丹的運河散步，我立刻跟上她，只見她進到一間高大的建築物裡，不久樓上有個房間亮起了燈，而我則佇立在路燈旁等著。

這些回憶可以追溯到我倆剛剛認識的時候，那時我是以一個男孩子的身份去看她，她的氣質、聰慧、敏感和美麗深深吸引了我，看來我一生的命運就要操弄在這個女人手中了。我只能堅持下去，不要讓絕望腐蝕我的意志，同時再三提醒自己，到最後絕對不會是一場空，而她也不致於會永遠迴避我。

好多次當我心血來潮時，會趁著半夜到她家附近徘徊，就像在接受愛情的試煉，想透過耐力和貞潔的考驗，證明我自己是值得讓她託付的伴侶，可以斷絕一切欲念來駕馭自己，同時也證明擁有她是天經地義的事。那段期間，我的身體也由於運動量減少，及什麼都不多想而不斷地改變，同時也更敏銳的留意起周遭的細微變化，強而有力的建立起自己的性別角色。

當兩個女人一起通過一扇門的時候，是誰該退後一步，讓另外一個人先過？——目前看來一直是我。是誰開車門、關車門，充當駕駛，是誰伸出自己的手臂讓對方攙扶，是誰先躍過滑不溜丟的石塊，然後把手伸給對方助她一臂之力？是誰的胸膛最常被對方倚靠？是誰的雙肩可以在對方飲泣時讓她依附著？是誰的身子高大結實，可以撫慰對方？

一種男性的特權感開始留駐在我的身體當中，讓它得以昂首面對這個世界，而不必再為自己的「變性」說抱歉。因此不久之後，我的雙肩就開始垂下來，乳房縮了回去，小腹也不見了。我認為這些轉變都是正常的，也是一個男孩子應該具備的樣子，所以走路時我開始昂首闊步起來，並且經常感到飢腸轆轆，對自己靈活健壯的四肢更感驕傲，就這樣，我也開始當家做主。我的身體產生的這種神秘的變化，逐漸讓我有了男兒身，而且還是個知覺豐富的實體。

頓時我彷彿又回到了從前那段集萬千榮耀於一身的日子，像初中時代榮膺繩球冠軍，身為社區棒球隊裡的最佳打擊手，在放學回家後成天爬樹，當校長叫我慢慢爬下來時，還魯莽地從樹上一躍而下。這是一種歡愉的、且純然為自己而活的轉變，是一種駕

馭自己、能讓精神力量和肉體力量得以平衡的具體感受，這也是一種將期望化為具體行動、而不受任何事物拖累的感覺，它是純潔而自然的，沒有任何理由可以壓抑那股衝動。如今，我已一如她所期望的成為男兒身，也準備好要成為她的情人。

同時，身為女人的我也不斷地在沈思，希望能預先看到其中的矛盾處。

或許哈達瑪之所以希望我成為男孩，就是因為：屆時她就可以順理成章、清楚了解該如何逃避我。

13 不在乎他人的眼光

「妳看起來瘦得只剩下一半啦！」當我們相偕走進艾蒂絲家時，艾蒂絲抬起我的下巴這麼說道。只見她嚴肅地瞧了我半晌，然後皺起眉頭對著哈達瑪說：「妳到底有沒有看好她啊！朋友不是這麼當的，我想妳比我更清楚該怎麼珍惜一個朋友！」

哈達瑪仔細地瞧著我，似乎在鑑定我是否如她姑姑說的那樣，她的樣子好像已經很久沒看到我了。

「妳真的比過去瘦！我都沒注意到耶！」她抓起了艾蒂絲的手，瘋狂地親吻一陣，然後就把艾蒂絲推進廚房裡，「給我們做點好吃的嘛！」說完後一本正經地望著我說：「這回我會好好盯住妳的，金！」那神情似乎是在開玩笑，也好像語帶威脅，充滿了獲得愛情後的那種狂妄，只是她始終不承認這段新關係罷了。

雖然那天我胃口不好，但還是強迫自己吃了些加了酸乳酪的馬鈴薯，以及一個加了

魚子醬的蛋捲，因為，哈達瑪和艾蒂絲在吃飯時，生怕我餓著了，拼命的把東西塞到我的餐盤裡。飯後我們又喝了幾小杯用小豆蔻調味，味道甜甜的黑咖啡，以及幾片加了葡萄乾的點心。吃完後哈達瑪拍拍屁股走了，留下我獨自面對艾蒂絲，通常哈達瑪一離開，就要一兩個小時後才會回來。

我伴著艾蒂絲到園子裡去，她很早就在那兒種了許多玫瑰花，不過種類並不太多，而且大多是從外地移植過來的不知名品種。在柏克萊略帶點寒意的夏日季節裡，只見這些玫瑰擠在園子裡的一個角落，旁邊就是用棚架搭成的拱架，上面枝繁葉茂，還加了一座鞦韆，過去我們就曾在這個老式的棚架下，不知消磨了多少的黎明與黃昏。

「看來這片花園得整理整理了，」她說道：「這些植物始終無法得到充份的照顧，玫瑰也是這樣，一直沒有人去關心它。其實玫瑰遠比其他的花更迷人，可是卻多刺，不易成長和採摘，因此不少人不知道該不該種它，也不懂得為了想獲得這些美麗的花朵，這種麻煩是值得的。」

「我對園藝完全外行，從沒拈花惹草過。」

「我聽說過，但是妳卻給人一種很會照顧花園的印象，好像是弄了一輩子園藝的老

圃似的。最近大家都很少看到妳，朋友們也常提起妳，這情形不知道會傷了多少老人家的心。」

我邊陪著她閒逛她邊修修剪剪的，不過精神卻似乎有些渙散，好像藏了些心事，不知道是否該告訴我。

「玫瑰的花瓣太多了，」她嘆了口氣說道：「它從來不曾在夏天盛開過，因為這兒的夏天不夠熱，無法長到成熟，可能在開花之前就凋謝了。我發現不管是哪種玫瑰，花瓣最好都不要超過三十片，可是這麼多瓣的玫瑰，偏偏又是大家的最愛，這就是讓我最傷腦筋的地方。」

「這花園裡長滿了白色的玫瑰。」我禮貌地提出了自己的觀察結果。

「白色的品種比較喜歡我們這兒的天氣，它們希望能慢慢的長大成熟，這樣就不用擔心過熱的天氣會讓它們枯萎了。」

「我覺得我們似乎並不單單只是在談玫瑰。」

但艾蒂絲不再搭腔，只是默默地和我漫步在這座枝繁葉茂的華麗花園中，我們經過了石橋、枝椏低垂的樺木，以及以無花果樹搭成的棚架。在小徑拐彎處的四周，我們看

到了幾個供鳥戲水用的陶土水盆，以及高掛於果樹上的怪異鳥屋。艾蒂絲在這兒種了些薰衣草和百里香，只見百里香雜亂地長出了花壇外。此時已是薄暮時分，氣候漸漸轉涼，這兒的夏天向來都是如此。

我漫不經心地走過這些地方，顯然還沒學會如何熱愛這份園藝工作。我太忙了，忙著持家，忙著追求安定的生活，忙著追尋那個男人專心致志且熱情洋溢的愛情，也忙著追逐另一個可能會立刻甩掉我、並讓我傷心欲絕的女人。我知道艾蒂絲是以玫瑰作為引子，想告訴我這些。

她是從舊世界走過來的人，但是她錯了，對於追求這份愛情我從來沒懷疑過。她那一代滿懷苦惱與悲觀，對於兩個女人之間強烈的吸引，以及對追求性欲刺激的力量，簡直是無法想像。即使她無所不知，即使她已到了心如止水的年齡，不會被任何事情震攝住，但我相信她也一定會對我最近的轉變感到興趣。如果我告訴她我正擺盪在兩個自我之間，有時變成男孩，有時又得回復女兒身的話，她會相信嗎？

她們那些人的想法以及令人困擾的暗示，一定驚動了我的朋友哈達瑪，讓她從遐想中猛然回到現實，不敢再對我存有任何親密的幻想。「或許哈達瑪對妳而言並不適合，」

艾蒂絲突然開了口，好像她已下定決心要步入正題，和我攤牌，「我當初是為了她好才希望她能結識妳，妳也了解，她一直在東飄西盪，從沒停下來過。從小她就很野，又倔強，我們這個家族的孩子都很有天賦，而她卻是我們之中最聰慧的一個，可是現在卻走到了這種地步？許多人都很羨慕我姪女，說她很有成就，在地方上扮演相當吃重的角色，但我知道她是怎樣度過漫漫長夜的，只是沒有別人知道而已。對啦！她曾經向妳提起過她那位心愛的丈夫嗎？」她一口氣把所有話都講出來，「如果我洩露了妳們的祕密那就請原諒我，但是，如果別人都沒吐露半個字，就一定代表妳們保密到家了嗎？」

這時，我們來到了藤蔓搭成的涼亭邊，艾蒂絲的身軀沈重地坐在一個頗有年歲的鞦韆上，而我則捧了一籃白玫瑰佇立在一旁。

「他隨時隨地都會打電話找她，」我說道，心中渴望兩人能繼續談下去，「我常看到她神情緊張地盯著電話，大概在想如果她無所事事，如果沒有過同樣忙碌的日子，如果沒有追隨著他，或者如果她找到了其他的寄託轉而取代了他的地位的話，那麼他就會隨時回來找她算帳。或許她想要的，就是找我來取代他的位子，可是，我卻無法真正的取代他，所以，他們仍有復合的希望。」

艾蒂絲轉過頭望著鄰居的花園，那兒有隻蜂鳥正在松樹上試著牠的運氣。

「她並不適合妳，」艾蒂絲頭也沒回的重複道：「妳迷惑了她，讓她有了歡笑，而她也會讓妳非常愉悅，可是這樣並不好，只會讓妳傷心，妳還有事要做，不要成天和她跑來跑去，害得妳最後一事無成。」

此刻我對這位老婦的愛是無法言喻的，因為，她是那麼地精明、厲害。只見她斷然地把手放在我臂膀上，一字一句的說道：「請忠於妳們各自的好老公，我知道自己在說什麼。」我覺得這些話她在過去就曾對別人說過，只可惜那人一直把它當成耳邊風。

「太晚了，」我不敢正視她，「他和我已成為過去式，我們之間結束啦！」

她想笑，或許這位宿命論的老婦發現了什麼荒謬可笑的事。那聲音冷冷的，有些陰森，似乎更像是在乾咳，讓人覺得一陣苦澀。

「哈達瑪是妳的未來嗎？妳相信這個？好孩子，她一生中從未做過一件不依慣例而行的唐突決定，我看著她長大，相信我，如果她真能達到妳的要求，那如今又會是怎樣的一番局面？」

「過去的我也一樣無法達到她的要求。」我在一番深思熟慮之後說道，同時放下了

那籃玫瑰。

「妳把自己和哈達瑪比？在妳歷盡了滄桑後和她相比？」

她對我過去的經歷一定知之甚詳，這點無庸置疑。有些老婦人很喜歡知道別人的私事，因此了解不少她們不該知道的事情，以及一些沒有人告訴過她們的事。

我聳了聳肩，把手插在口袋裡，有意輕描淡寫的說：「我現在的經歷是沒得比的！」在微暗中這就彷彿是一齣肥皂劇，圓滿的結局中帶著點甜蜜的感傷。

「別指望我們會為妳感到難過，妳很清楚自己在幹嘛，妳的唯一錯誤就是低估了習俗或是慣例的力量，在自己的夢幻世界裡徘徊不去，彷彿把那兒當成了自家後院。不斷地尋找過去的自己，就好像過去可以對妳這樣的人做出解釋一樣，其實過去是無法解釋這些的。妳不屬於這座老式花園，更不是屬於過去，而是特立獨行又朝氣蓬勃的人，如果還有其他像妳一樣的女人，那她們一定在這附近，只是妳沒有發現她們就隱藏在周遭，在自己家的隔壁，或是下條街……」

「為什麼哈達瑪不該和我攜手同行？如果我一定要去尋找她們的話，那哈達瑪為什麼不能來？」

「她永遠都不會去的。」

「妳們每個人都低估了哈達瑪，妳深愛著她，但卻把她給藏起來，讓她不敢露面，這算哪門子的愛？」

「是老式的愛，許久許久以來它就一直存在我們周遭，有了它妳就別無所求，也不會再有更多的期望。」

「哈達瑪終究會妥協的，即使沒有人能了解，我也充分明白這點。」

眼看艾蒂絲就要悄悄走回她孤獨的世界裡了，可是這時她卻靠了過來，埋首在我手中，語氣也似乎有些退讓，「面對像妳這樣熱情洋溢的女人，哪還吵得下去？」

「沒有人希望這樣，哈達瑪是我的，因為，她始終都是我的，而且……」

「我想一直以來，大家都不知道什麼時候該嚴肅地對待妳，我現在就嚴肅而鄭重地警告妳，」她再一次發出那種森然的冷笑，「但我也知道妳是不會在意它的。」

14 愛的告白

我和哈達瑪一起走在市場的大街上。突然間，她在一家專賣海軍剩餘用品的店前面停下了腳步，隔著窗子望向裡面。那些小女孩再過幾天就要去露營了，因此哈達瑪想幫她們買幾個軍用水壺。像這種事我都會陪她一起去做，幫她提東西、開車、開車門，或是到餐廳點菜，只是她堅持自己付帳，而且給的小費還不少。

我似乎變得更加年輕了，因此她也成了我的黃臉婆，她假裝不知道，但這是怎樣都隱藏不了的。馬克斯和我經常去她家享用安息日餐，如今她家族的每個人我們都認識了，也了解歌唱和祈禱這整套儀式。馬克斯希望坐在艾蒂絲旁邊，而我則一直期待著用餐時間早點結束，好過去邀哈達瑪共舞，可是艾蒂絲看起來似乎有些悶悶不樂。

「姑姑認為我正在一步步毀了妳，」哈達瑪在繞著一排排掛小水兵服的衣架間東挑西撿時，眼睛瞇成了一條縫，「不過我說妳會照顧好自己的。」

「妳知道我不太會照顧自己，最後一定會弄得一團糟。」

「把這個穿上！」她邊說邊丟了件水兵服到我頭上，然後死拖活拉的帶我到一面鏡子前，在短髮和藍色牛仔褲的襯托下，我穿上那件水兵服顯得分外削瘦。她聽到我不斷提醒她這些，就說她父親和兄弟小時候都是穿水兵服和家人合照的。

「哇！真是與眾不同！」她這樣說道，就好像過去從沒見過我似的，「有點不太像妳了，看起來就像……妳讓我想起了……」她一臉困惑地停了下來，那種眼神好像來自很遠很遠的地方，讓人感到茫然，「這種樣子很……我說不上來，這種親密感也……妳讓我想起了什麼呢？」她退後了幾步，幽幽地說道：「我認識妳，在以前就見過妳，好像是……」

我看著鏡中的自己，水手服下的我已不再是個小男孩了，而是身材高大的年輕男子，沒錯，他就在那兒，完完整整的，而且清晰可見。對我來說，「他」也是再熟悉不過了，我終於找到了真正的自己。這時，哈達瑪的神情有些迷惑，又有些不安，最後變得一片慌亂，不過有良好教養的她可沒讓這種表情明顯寫在臉上。她定了定神，縮回下顎，想要穩住自己急促的呼吸，然後看了看鏡中的自己。那模樣看起來似乎有些痛苦，

臉色也顯得有些蒼白。

其實我覺得自己並不適合穿這種水兵服，鏡中的「他」表情憂鬱，整個人的形象被一種無以名狀的哀傷氣氛破壞無遺，深塌的雙眼長著長長的睫毛，似乎穿起這身軍服本身就是個錯誤。他應該一個人坐在菩提樹下寫詩，為什麼呢？我一直想成為一個讓女人無法抗拒的年輕男子，整晚坐在窗戶邊喝著伏特加，或是徹夜豪賭。不過，像是跳到桌上，瘋狂地在碎玻璃間跳著踢躂舞這情節，我是無法想像的。

哈達瑪靠近我說：「妳就是想要讓我了解這個嗎？妳就是希望我這樣嗎？可是，我並不想這樣，妳明白嗎？我並不想和這些有任何瓜葛。」

她一定是捕捉到我臉上的表情了，我和她一樣的感傷且不知所措。

「不！請原諒我！」她囁嚅道：「等一等……」只見她搖著頭，接著煩燥地揮揮手，「這真是太瘋狂了，妳嘴巴裡吐出來的都是廢話，有時候我覺得……就好像一切都……就是我們口中所稱的過去……使得我們被一堵透明且薄如蟬翼的牆給隔開了。」

她先望了我一眼，接著又從頭到腳仔細端詳了好久，最後眼神離開我身上，飄到別處，就好像目睹到自己的世界正在分崩離析一樣，「我明白啦！」她的口吻似乎有些讓

步，「就是這意思嗎？我……我……」

現在只要再給個隻字片語她就會甦醒了，只要再吐露一個字，她就會明白一切了，其實我從好幾個月以前就知道啦。我們就是靠著這股執著，不斷摸索著前進，不過如今這股執著的力量不是將支離破碎——就破碎在這兒，破碎在市場大街的這家軍需用品商店內，破碎在用過的襯衫和有暗釦的褲子之間——就是得坦白承認它。

之後又是一片靜默，氣氛有些詭譎，讓人以為有震撼力及毀滅性的話即將會被說出口，但是突然間整件事又變得十分平常。我知道它會朝哪個方向發展，也知道如何收場，而且，我也不知道該如何做才能造成不一樣的結局。乍然間水兵服消失了，麻煩的玩意兒總算去除了，誰需要著軍服的他？我已經成了一個比「他」還要好的人。只見一片模糊中，鏡子裡出現了兩個女人，其中一個傾身向前，另一個則往後退縮。

她們說如今這一切都簡單多了，但要如何回到從前呢？我可以想像得到，有些地方仍會把這種友誼視為天大的新聞，如果妳仔細看清楚，就會明白這種熱情洋溢的愛，並不會讓妳的生活就此安頓下來，而哈達瑪那種愛我的方式，也只會讓她自己想從兩人的關係中倉皇逃出去，而且，她也不希望走到那步田地。

「老天，這兒可真熱啊！」她的耐性好像快被磨光了，「瞧瞧我熱成什麼樣子了？」

玻璃會像這樣粉碎，冰在經過一個漫漫長冬後也會像這樣碎裂，而石塊經過擊打後也會像這樣沿著紋脈破碎。當然，兩個女人間那種最深刻而火熱的情誼也會像這樣不堪一擊，只有完完全全清醒的人，才能緊緊掌握住兩人間所發生的事。

我告訴自己，或許是因為我的手段太激烈了，或許我此刻的感受就是這樣，也或許從愛這個女人的過程中我想學的，就是如何再度回來，再一次退回到原點，去吸引她、小心看好她，而不要再有患得患失的心情。因為，我知道唯有這樣，有朝一日才能與她攜手達成些什麼，而讓這種熱情持續燃燒下去，並且和她一起分享所有的感受。或許，這套有憂鬱味道的水兵服正在教會我這個道理。

天氣很熱，那套水兵服又重得很，而且我也討厭那種羊毛料子。但我脫下來時，哈達瑪卻皺起了眉頭，並粗魯地把價目標籤從袖子上扯下來，然後走到櫃檯付帳。

對她來說，這是「最後一分鐘的救援行動」，對我而言，卻是她「愛的告白」。

15 男性的欲望

像水手服這樣的東西，在兩人的愛情世界裡具有一些象徵性的意義。不管兩個人選擇了什麼樣的象徵物品，它的實際意義都遠超過我們的想像，在親密關係的發展過程中，它提供了一個明顯的舞台。為什麼這麼尋常的東西，會帶來如此巨大的神秘力量？並不是一定得用實際的物品來證明這些，而且也沒有如我們想像的那樣一成不變，但如果我們有足夠的想像力，就可以運用一件舊水兵服來宣示愛情、改變樣子，或是揭露我們的真正意圖，同時又能將這段無法對外告白的感情掩飾得好好的。甚至在穿上這件購自於軍需用品店的舊水兵服後，不僅在形式上打破了傳統的穿著禮儀，同時也宣示自己將永遠忠於對方。

所以每到安息日聚會，我都固定地穿起那套水兵服，以及寬鬆的楞條花布褲子。我曾告訴馬克斯、哈達瑪、艾蒂絲、艾嘉以及所有出席的人，我已決定盡量把自己打扮成

一個厚臉皮的男孩子，而上述服飾正是最適宜的裝扮。我對這件事曾經思索了許久，心想女人從愛情中所得到的歡愉應該比男人多，但是追求歡愉卻是男人的特權，他們可不會讓它閒置在一邊。我心儀於獵人們那種專注於自己的行業，從一而終、從不屈服的精神，而且他們深知如何掩人耳目的方法。不過，當個獵人怎能和自己放棄外在的打扮，從此改頭換面的大膽行徑相比呢？

我所變成的「那個傢伙」，是我見過觀察力最敏銳的人，「他」從不放棄，從不肯停下來喘口氣，總是能集中所有的力量，發揮其精明、智慧以及固執的性格，展開情欲上的征逐。從觀察、追蹤、等待、想像、安排以及過程規劃中所獲得的快樂，不是任何的歡笑或其他可以想到的成就所能比擬的，而被追求的另一方不管是誰，都得擔起把自己「讓渡」出去的一切重擔，至於「他」則永遠不知道何謂放鬆、滿足，以及官能上的成就。小鳥如果被他抓在手上，那用不了多久就會一命嗚呼，而「他」所途經的情欲之地，則始終上演著追尋和捕捉的戲碼，而且，在柔情的攻勢之下，「他」也能一掃憂鬱的心。

在我和哈達瑪陷入熱戀的同時，我的生活也產生了奇怪的變化，而她則沒有。哈達

瑪經常在一天開始前就見到我，一天結束後仍離不開我的視線，而在其他的安排與活動之間，她更是頻頻來探視我，或者帶著我一同去參加活動。如今我大部份的時間都不在家，偶而會晚歸，然後和馬克斯同床共枕。這時，他會用手臂環著我，就好像我們都同意在雙方都年華老去時，以及在這一切都成為過去時，仍是好朋友。沒錯！我和他之間的情形的確就是如此。

我和他談起了自己的童年往事：那位告誡我慢慢從樹上爬下來的校長，和我猛然從上面一躍而下的情節。馬克斯小時候也曾幹過這種勾當，因此我們會心有戚戚焉的相視大笑。我知道如何從其中一個自我，輕易地溜進另一個自我，也知道怎樣才能輕鬆的越界，從女人迅速變為男兒身，或由男人毫不費力地恢復女兒身。當我還是個女孩子時，我會穿著很女性化的衣服，頂著一頭長長的秀髮，把花插在髮帶裡，把鞋擦得油亮光滑，而且喜歡穿有褶口的乾淨白襪。此外我也喜歡找人打架，有一天我把鄰居的一個孩子王給按在地上，逼著他向住在後街一位叫厄爾的黑人道歉，這些我都一五一十的告訴了馬克斯。

憑著這種「越界」的本事，我又會幹起哪些好事呢？

馬克斯認為女孩子比較能安排自己的生活，因此日子過得較為輕鬆寫意，至於男孩子的「性身份」，則在孩提時代就已經被定了型，過了那個時期就沒有什麼可以選擇的空間了。

由於我們這些談話始終是抽象的，較為形而上，並且帶著一種飄飄渺渺的印象，所以我也不太清楚他是否真的明白，我所談的正是我自己，以及是在現實生活裡所發生的事。有時候覺得自己應該握住他的手，把他拉到沙發上，和自己並肩坐著，然後深情地望著他說道：「馬克斯，你想我為什麼會在盛夏穿著這件水手服？」

可是我卻一直沒這麼做。

史蒂芬在最後一次探望哈達瑪時，送給了她一頁貝多芬的短曲手稿真跡，這是貝多芬寫的「華斯登奏鳴曲」（Waldstein Sonata）的初稿。哈達瑪對這張手稿愛不釋手，把它漂漂亮亮地裱起來，然後掛在姪女們於每個月第一個禮拜天，一同演出弦樂四重奏的房間裡。記得那時候哈達瑪的美麗歌聲已成絕響，大家都沒辦法說動她，甚至連馬克斯出馬相求，她也從沒答應過。她是真的很喜歡馬克斯，總是要我主動挽救這場婚姻。於是我告訴她，我和馬克斯就像是分坐兩列火車的兩個陌生人一樣，只是在進站的霎那間四

目交會而已。哈達瑪頗同意我的看法，也目睹了一些在我和馬克斯之間所發生的事，不過，她並不真正了解其中的原委。

每次聚餐，通常我都會留到最後，當大家一哄而散，我就負責善後，而哈達瑪則在我洗碗盤時，把殘羹剩菜餵進我的肚子裡。其實我們大可偷懶不做，因為第二天一大早管家就會來處理，但是，我卻開始愛上這份洗碗盤的工作。如果有好幾個小時沒看到哈達瑪，我就會想起我們的歡樂時光：在我洗碗時她喜歡膩在我身邊，陪我聊天，把我洗好的濕碗盤接過去擦乾。有天晚上，我們又在享受兩人的私密之樂，她用手把我嘴唇上面的肥皂沫輕輕抹去，而她飽滿堅挺的胸部，卻在此時輕輕觸到我的肩膀，我們的雙手也在做這些家事的過程中，不時地互相碰觸。一時之間我們似乎都沈醉在這種充滿誘惑的肉欲中，春心蕩漾，這似乎暗示著我們共組家庭的可能性。而我上街購物時也常與她同行，我們一起買店家自製的麵包，相偕穿過唐人街的大街小巷找尋燻茶鴨，回到家後也一起擺放數不清的長桌子，為安息日聚餐作準備，甚至，也喜歡一塊把銀製餐具一一擦亮。

她的閨房在樓上，頗為寬敞，窗檯上可以坐人，常貪戀著戶外美景的我們，很喜歡

坐在那兒。我想如果我願意留下來的話，我們會在那兒流連一整天，不過我認為在那種地方，即使妳抓住了對方的小手，然後用手臂緊緊環著她，也不能將這些視為愛的表白。當然，即使並肩散步，談了一晚上的悄悄話，或是一大清早起來一起晨跑，也仍不能算是愛。因為，即使兩個沒有對彼此做出承諾的女人，也會一起做這些事，就算兩個人在這個過程中重新改造，而且其中一人瘦得連女兒十幾歲時所穿過的牛仔褲，都能塞得進去的話，都不能稱之為愛。

有個週六晚上我和她相偕外出，那天我穿的是黑色的天鵝絨長褲，有蕾絲鑲邊的襯衫，以及黑色的絲質馬甲。對我來說，這種裝扮端莊高雅的有點讓人不習慣，可是哈達瑪卻很高興，在我們相偕步下通往劇院的階梯時，還頻呼：「哇！我的小天使，真是天真無邪又可愛！」接著將她的臂膀勾住我，之前從來沒聽她這樣說過，也沒瞧見她這樣做過。就這樣，我開始沉浸在莫札特的小侍僮角色之中，莫札特給這個踰矩的小男孩三種選擇：唱小夜曲給女人聽，或是把他打扮成小女孩，抑或是送去從軍，不管哪種選擇最好，這個重要故事就到此為止，再也沒有其他情節了。但對我們來說又會如何？我會在意嗎？每當哈達瑪傾身向前時，她那件波紋皺絲襯衫的一角都會磨蹭到我的膝蓋，如

今我已成了她的俘虜，而且和她又挨得這麼近，兩人的呼吸頻率都能漸趨一致，當她的手無意間一動也不動地放到我膀子上時，也讓我對游移在我倆間的那種情愫，鼓動起滿滿的期盼和遐思。

這個女人有足夠的力量把我變成她想要的任何一種東西，而我也有力量在她想改變我時，盡量配合著她去做改變，而不會喪失自己追求她的基本原則。如今我已是個狂野的男孩、小侍僮，也是個會佔有她的憂鬱水手。而我也忽然想到男性欲望的神秘一面，並期待著她賜給我擁有她的權力。因為，我想要得到她，我需要她，她是屬於我的。就是因為我確信自己在情欲上擁有這份特權，所以我確知自己已是男兒身，對這件事我完全了然於胸。

16

請為我歌唱

如果你在深夜閉上眼睛，從一百倒著數回來，記憶就會像從樓梯上走下來那樣，妳的眼前開始倒帶放映。放映的內容琳瑯滿目，可能是街景，可能是深宅大院裡的房間，也可能是在你出生前就已經拆除的小公園。有時候你會看到一幅鮮明而生動的景象，很可能是因為它伴隨著官能上、肉欲上的印象，甚至伴隨著感覺出現。整段影片會在你面前演到完為止，但不會讓你覺得是在做夢。當這些東西很容易地大量出現在我們眼前時，那就是你過去曾經歷的明顯證據，只是很容易被我們忽略罷了。

只要我把這種情形告訴哈達瑪，她就一定會停下手邊正在進行的工作，比方說如果我們正在林子裡散步，她就會停下腳步，貼近我面前站著，仔細聆聽我的話。慢慢地我們不再參加其他的聚會，不再去餐廳或展示會，也不再外出購物，只是一同窩在我的小小天地裡。而她過去那種儀態萬千、長袖善舞、辯才無礙、在酬酢中應付自如的影子也

都不見了。一時之間她待在家裡的時間，似乎變得好多好多，我永遠也不清楚自己究竟得發揮多大的魅力，才能把她留在自己身邊，讓她漆黑的眸子，始終跟著我的眼神游移，就像是在深深思索我話中的價值何在一樣。

這才是我深愛的哈達瑪，我愛她這種集中心力、發揮力量、投注所有精力，以及隨時做好準備的樣子，而我也聚積著所有的力量，為了使我的夢想更具體化，把她拴在身邊，而深深愛著她。不過，如果她本來就不是我想追求的那種女孩，或許我對她的愛就不會放得這麼多了。我曾經為此撕裂了她虛偽的外表，拆穿她那副長袖善舞，內心卻脆弱無比的假面具，也深入她內心世界中最幽暗而神秘的聖殿，瞭解了她一些隱藏在內心最深處，但自己卻始終視而不見的私密處。就這樣，哈達瑪步入了我的記憶中，就彷彿發現了一個她知之甚詳，但卻遺忘已久的世界。

當然，她也以緩慢的語氣，摸索著向我表白，自己是如何度過兒時的暗夜叢林，以及這個野性難馴、動輒引起騷動、資質極佳的小女孩，當初其實是遭到遺棄的過往。實際原因為何我不清楚，但我知道，如今她正急需有人能再拉她一把，讓她忘掉過去的不愉快，並積極面對往後的人生。或許我這套討好女人、奉承女人的方式有些奇怪，但那

段時間我的確就是這樣對待她、呵護她的。在一起翻閱她的家族相片時，我特別留意到一個老婦人，照片中她架著一副厚厚的眼鏡，坐在窗下，旁邊有隻金絲雀。哈達瑪立刻認出，這名老婦就是她外婆的姊妹，可是，這些老人家發生的故事卻從來沒有人告訴過她。

在她家我還發現了一幅畫，背景是個公園或是大花園，有如茵的草地和小巧細緻的桌椅，散落在爭豔的花叢之間，面對著一幢有著長長窗戶的白色建築物。在一個長椅子邊站著的，就是一位身著水兵服的年輕男人，正在坦誠地和一位無法正視他的女士談話。我幾乎喜歡上了這個年輕男人，因為從他身上我瞧見了一股積極而熱情的特質。細看之下還可以發現這個年輕小夥子蒼白的臉上，似乎泛著些許紅暈。當他轉過身抬起頭來時，就彷彿在直視著我——他的「女性未來」。由他湛藍的眸子所射出的那股蒼白神色，我看出了問題所在，看來我想像中這個魯莽的男孩，正承受了甚大的壓力，為了眼前那個女人而甘願家庭破碎的風險。

噢，沒錯，整個故事就顯現在他眼裡：貧窮困乏、忍受痛苦、對隱晦不明的內心狀態甚為敏感，但有著昂揚的活力，以及給人一種緊繃的強烈感受。我為什麼會與他「一

見傾心」呢？是為了提醒自己不要像他那樣，愛得這麼辛苦？還是為了避免自己陷入這種已經變了質的痛苦中？

當我把這座花園的景象描述給哈達瑪聽時，她立刻就認出，這是她外婆的姊妹，在舉家搬往維也納後不久所畫的一幅水彩畫。我永遠都不可能親眼目睹到這座公園，因為這幅畫是在一八六〇年左右畫的，和艾嘉告訴我的年代相同。另外，我也從沒看到哈達瑪從流傳了好幾代的家族照片，或著繪畫冊中，抽出過這幅褪色的水彩畫。不過，它和現實世界所發生過的竟是那麼地吻合，而這個在我出生前就消失了近一個世紀的地方，也會在我的記憶中留下不可磨滅的印象嗎。

我是否覺得自己就是這個曾深深愛上哈達瑪外婆的姊妹，並因而成為悲劇人物的年輕人？哈達瑪是否會認為我就是這個年輕人的化身？她是否會認為我們之間的這種曖昧、神秘又永無休止的關係，可以由兩人在劇院裡的短暫碰面，在暗夜裡的攜手漫步，面對幾代家族間從未交代清楚的恩恩怨怨，以及一封封只能見諸文字的信件，來加以說明或解釋？艾嘉知道那件水手服後面所隱藏的所有故事，可是他卻始終沒對我說過，只是有天晚上心血來潮和艾蒂絲姑姑爭論著，究竟那年輕人是死於肺病還是自盡而亡。

我確信他是自殺的，但每當我提出此一看法時，哈達瑪總是對我怒目而視，然後有點緊張地把茶杯推到一邊，嚴厲地說道：「妳簡直分不清楚什麼是夢境，什麼是現實世界，如果再這樣下去的話，妳遲早會瘋掉，搞不好還會把其他人給拖下水，讓他們也和妳一起發瘋。」

「哈達瑪！」艾蒂絲姑姑立刻斥責她道：「事實真相即使弄錯了，也不會傷害妳多少，何苦這樣？」

「妳不應該讓她這樣肆無忌憚的說下去，否則無異是在鼓勵她繼續口無遮攔的信口雌黃。」哈達瑪急著回嘴道，或許她認為姑姑並不清楚這些話的嚴重性，「妳還不知道她幹了什麼好事，去問問她，去問問她呀，她認為畫中的那個人就是她自己，她覺得這些事都封存在她的記憶裡，因此對這些事的前因後果都很清楚。她真是笨死了，以前我就這麼覺得，只不過現在更加確定了。」

艾嘉倒了些葡萄酒在一只小巧的高腳杯裡，然後推到哈達瑪面前，「在我那個時代都很了解像金這種人，她已經發現沒有必要分得這麼清楚。她的看法很對，對極了，我向妳保證，妳年紀再大點就會發現，把夢境和現實世界分得這麼清楚，其實並沒有什麼

意義，只會讓妳整天窮緊張而已。」

哈達瑪仍是怒不可遏，「這是很危險的，這對她來說是很危險的，而且也會危及我們每個人。」

「坐下來，哈達瑪！」艾蒂絲姑姑說道，哈達瑪於是順從地坐了下去，「金是我們的客人，我們這些人似乎都沒把那些話放在心上，看來只有妳亂了方寸，而且我也堅持妳應該去向金道歉。」

哈達瑪搖搖頭，把手肘撐在桌上支著頭，然後狠狠地瞪著我。

「妳一定要道歉！」我也不假辭色的說。

她窮兇惡極地看著我，就好像在警告我立刻放了她，否則就和我沒完沒了似的。

「沒錯，她說得沒錯！」我深思了一番後開口道：「我覺得自己就在那兒，我認為這些就是我自己的記憶，我就是那個自殺的年輕人，不管哈達瑪道不道歉，我都還是會這麼認為的。」

只見艾蒂絲姑姑鼓掌喝起采來，艾嘉也站起來向我行禮致敬，我內心那股飄飄然的感覺是過去從未有過的。我曾經做過些愛的表白，而哈達瑪也接受了它，因此沒多久她

終於笑了出來，起初還想勉強壓抑著，不過後來索性放棄了這些無謂的掙扎，開始哈哈大笑起來，那美麗動人的模樣實在讓人難以抗拒。

「親愛的貴客，」她有些悔不當初的說道，同時雙手交放在胸前，讓人愛憐不已，「妳不會發瘋的，同時我也不會讓妳因為想不開而走上絕路。」

「別這麼輕易的就放過她，」艾蒂絲姑姑說：「別這樣輕描淡寫的一筆帶過嘛！」

「我要怎樣才能彌補這一切？」哈達瑪喊道：「我可以做任何事，叫我做什麼都可以。」

艾蒂絲和艾嘉互望一眼，「你們敢？」哈達瑪的語氣中滿滿的笑意，十足小女孩的模樣，每當她心情愉悅時就會這樣，「其實妳們都知道，我不會做那件事的，妳們千萬別告訴她，她猜不到的。妳在聽嗎，金？不許提出那個要求，即使是妳提出來的，我也不會去做。」

「即使是我的請求，妳也不會去做嗎？即使拉住我叫我別去跳河這種舉手之勞，妳也不會做？」

艾蒂絲凝視著我，並用手指頭不斷地敲著桌面，似乎在慫恿我、撩撥我。

「好啦，別再鬧了！」哈達瑪突然提高了嗓門說道，好像這場遊戲已轉趨嚴肅。

艾嘉則把他的座椅往後推了推。

「你要去哪兒？」她追問道。

「妳知道他要去哪兒！」我對著哈達瑪說道，同時艾蒂絲也給了我一個充滿鼓勵和狡詐的微笑。不過，我並不知道艾嘉要去哪兒，也不明白她們到底在玩什麼把戲？

只見哈達瑪身子一彈，飛也似的跑到門前，擋住了艾嘉的去路，而艾嘉則猛搔她的胳肢窩以求脫身。他們就這樣毫不避諱地讓這一幕幕看在我眼裡，哈達瑪一定從小就和他們這樣沒大沒小的了。

艾蒂絲向我招招手，當我一走過去，她就悄悄在我耳邊說：「走這邊！」只見她帶著我越過廚房後面的一間小餐具室，以及又寬敞又黑暗的大廳，來到了那音樂室。接著她扭開了牆上的燈，頓時一股暖意從那張高加索地毯上升起，這間幽暗的老房子恢復了光明。這時，艾嘉和哈達瑪這對寶，也一前一後地衝進了這個房間。

艾蒂絲把我推到一張椅子裡，然後就站在我後面，而艾嘉則打開了那架頗有年歲，但依然光可鑑人的貝森朵夫鋼琴，彈奏了幾個音符，同時滿意地點了點頭。當然，那旋

律完美得沒話說。

但哈達瑪此刻卻兀自走到窗戶邊，默默地背對著我們佇立在那兒。在其他人眼中，她一定又在和我們玩遊戲了，可是我看得出她心裡一定充滿了畏懼，而且似乎陷入了重重困擾中。後來艾蒂絲又向我咬耳朵：「所有的錯都是她老公引起的，不怪他怪誰，他經常對她說：『如果妳無法把事情做得盡善盡美，幹嘛還硬攬在身上？』那小子經常雞蛋裡挑骨頭，嫌她的歌聲有缺陷，因此她就離開了他，一個人從歐洲回來，想想這些已經是好久以前的事囉！其實在她結婚之前就因迫於他的威儀，而不願意在別人面前引吭高歌，即使連艾嘉和我也無緣一飽耳福。」聽她這麼一說，我立刻收拾起嬉笑怒罵的神態。

我慢慢踱到窗戶邊，哈達瑪正凝視著外面的街道，雙手握著窗簾布。而原本昏暗的音樂室裡，只有艾蒂絲所靠的那張椅子背後出現些許的明亮。

哈達瑪說：「他們認為我太愛妳了，所以如果妳開口要求這件事的話，我一定會為妳做。其實他們說的沒錯，如果妳堅持，我會去做。」

「真荒唐，別聽他們的，我永遠也不會要妳做自己不想做的事，其實我到現在還不

知道這是怎麼回事。看起來你們只是在打打鬧鬧，只有我一個人被矇在鼓裡，像個傻瓜似的。」

「這些年來，他們一直很想讓我再唱歌，用心良苦，而且用盡各種巧思，絕不會嘮嘮叨叨的，也不會讓我為此而煩惱萬分。可是，看到大家那種充滿期待和企盼的神情，我知道這對他們來說意義十分重大。」

「但是妳自己準備好了嗎？妳永遠都不會再唱歌了嗎？」

「過去想唱的欲望一直讓我感到不適和煩躁，當然我也不希望這樣。不過他們卻因此而責怪史蒂芬，他這麼做的確很挑剔，也讓人看了很不順眼，不過他說得沒錯，世上已經有這麼多無懈可擊的唱將，我幹嘛還要獻醜？」

「妳在開什麼玩笑？難道在開口唱歌之前，還得清查妳的祖宗八代，或是查看妳演唱技巧如何之後，才能一展歌喉？難道在妳想唱歌時，還得把自己先送給別人評審才行？」

「別人都說我在歌唱這方面是不會有成就的！」

「如果有的話呢？」

「起碼史蒂芬就不這麼認為！」

「為了這個莫名其妙的理由就從此封口？史蒂芬是先知嗎？怎麼會預測得這麼準？他以為他是誰呀？」

「不管哪一方面他的判斷從沒出過錯！」

「沒有一個人是神，可以在判斷上從不出錯的，哈達瑪，」我一把抓住她，強迫她轉過身來面對我，可是她又轉開了，「這是不可能的，如果就為了一個男人的判斷而放棄唱歌，妳真的能忍受？是可忍孰不可忍，要是我就絕對嚥不下這口氣，真的！我是說真的。」

這時她又轉過身來望著我，「妳怎麼可以這麼說，有這麼嚴重嗎？」

「起碼對我來說這至關重大！」

「但妳不會勉強我對不對？」

「如果妳希望我這樣，我就永遠閉嘴不再提。」

只見她緊捏住我的手，看來她改變了心意。

「可是我已經開始欣賞妳的歌藝了，還記得嗎？當時我們正在林子裡散步。」我說

道。

「我不知道妳還記得這件事，妳從來沒在我面前提起過。」

「那歌聲餘音繞樑，讓我久久不能忘記，可是我卻寧願沒有這個印象。」

「妳再說一個字我就永遠封口！」

「好！好！好！我現在保持安靜，一句話也不說。」

「妳是站在我這邊的嗎？」她低著聲音問道。

「不管這句話是什麼意思，也不管妳希望它是什麼意思，我都永遠站在妳這邊。」

看來我們還有很長的一段路要走，才能平息她這許多年來擔驚受怕、缺乏自信以及猶豫不決的習慣。當我們相偕離開窗戶走回去的時候，她一直都挽著我，接著把我推回椅子上，以一種銳利、生氣、近乎苛責的眼神望向艾蒂絲，並走到鋼琴邊，把手按在艾嘉肩上，以他們自己那套親密的方式笨拙地摸索著那些樂譜，只見兩人推過來擠過去的打開樂譜，笨手笨腳的翻頁，還互相喁喁私語。

艾蒂絲猛然地抓住我肩膀，然後在我耳邊悄聲說道：「妳辦到了耶！讓這原本不可能發生的事發生了。在這麼多年來的沈默後，她終於肯為了妳開金口唱歌啦。瞧！妳等

著瞧吧！」

艾蒂絲竭力控制著自己的情緒，讓自己不哭出來，只是一味緊抿雙唇的結果，讓她眼角的皺紋顯得更深了，也讓她更加地老態龍鍾，神情中交織著期待與激動，一副精疲力盡的模樣，「妳把她給救活了，我這把老骨頭費盡了千辛萬苦，本以為這輩子在也不可能再讓她開口了，可是妳卻……如果這件事都能辦到，那還有什麼事可以難倒妳的？看，妳看看她！」這次艾蒂絲顯得更加迫不急待，大概是不想讓我看到她在哭，而急於想要一吐為快吧，「長久以來我從沒見過她像今天這樣，這段日子到底有多久了？她有多久沒有做過真正的自己了？有多久沒有像我的哈達瑪那樣靜下心來，集中心力地唱完一首歌？」

17 向她的歌聲屈膝禮讚

哈達瑪曾學過鋼琴和小提琴，一直到十五歲那年才停止，那時艾嘉也是頭一回聽到她那盪氣迴腸的美妙歌聲。在她身上，他發現了一個如假包換的女低音，音色低沈渾厚不說，還充滿豐富的感情，讓人覺得溫暖。於是，艾嘉在家裡教她音樂，就像他放棄音樂改讀法律之前，他父親教他的那樣。艾嘉的教學很有技巧，除了嚴格外，也極富愛心和耐性，使她順利度過那段青澀的反叛期，無畏於乏味冗長又要求頗多的練習時間，而將自己聲音中那股自然之美完全宣洩出來。

哈達瑪是在茱莉亞學院畢業後的那年夏天和史蒂芬相遇的，當時她的追求者眾多，其中還不乏有頭有臉、能夠在前程上助她一臂之力的人。那時她的表現的確出色，而且可以說是相當的出色，但是，還能再表現得更棒，再上層樓、獨步群倫嗎？史蒂芬不這麼認為，他覺得自己找到了她音色上的缺陷，而且其他人可能也聽出了這種足以破壞整

個美感的缺陷，於是，他向哈達瑪指出這一點，還引證歷歷。由於史蒂芬的說辭非常具說服力，使得她必須得到一些不同的意見和鼓勵，才能勇敢地站在艾蒂絲的音樂室裡，對三個最愛她以及最了解她的人歌唱。

哈達瑪的臉色十分蒼白，而在瘦削而蒼白的面容烘托下，眸子碩大得有些不自然。屏住氣後，她試著發出一兩個音，接著又試著提高一個半音，不久就在兩個八度音階間的音域內，不斷吃力地提高或降低音階，而觀眾沒多久就可以清楚聽出她並沒有疏於練習。她的音色完整而嘹亮，感覺很圓潤，音調也都準確無比，這怎麼可能呢？她不是已經和自己妥協，決定日後不在眾人面前引吭高歌？難道她一個人私底下練習嗎？她是不是因為常在私底下偷偷練習，才使自己的聲音不致於失去靈敏度和焦點？果真如此，只為了想像中的不完美而以這種方式來拒絕唱歌，是多麼奇怪啊！然而，在完全屈從於史蒂芬的判斷之際，還能堅持自己的一些核心信念，這就是哈達瑪平日的行事風格！

在反覆試唱中，唱到高音A時，可以聽得出她的聲音略顯粗啞，有點刺耳和不諧調。此時她也顯得苦惱起來，從鍵盤邊倒退了一兩步，焦慮地望了望屋內其他地方，好像在向自己保證史蒂芬並沒在現場一樣。

艾嘉再度彈奏起那個小節，把她帶入較高的音階。此時可以聽出她聲音略顯顫抖，於是艾嘉改彈其他的音，她立刻跟上去，就這樣，哈達瑪終於抓對了音符。

這是濃郁而幽暗的聲音，比起上次在林子裡的歌聲還要來得濃烈而嘹亮，不但引人注目，而且靈敏、流暢、音調出色。而艾嘉的表現也不遑多讓，可以看出那些都是他所熟悉的曲目，其中有幾首較短的布拉姆斯作品、一首巴哈的詠嘆調，以及一些十七世紀的抒情曲。顯然艾嘉用心良苦，盡可能讓整個演唱過程看起來像是即興之作，而不是刻意營造出來的。不過，他卻一再以急切而焦慮的目光注視著艾蒂絲，表情上寫著滿滿的期盼，似乎很擔心老婦人用力抓我肩頭的動作，會讓哈達瑪分神，讓她跟不上自己的聲音，變得和他一樣煩悶、害怕起來。

之前哈達瑪和我就經常在一起聆聽這些曲子，而且往往一聽就聽到半夜三更，像是莫倫・佛瑞斯特（Maureen Forrester）和凱瑟琳費瑞爾（Kathleen Ferrier）等歌手所演唱的曲子，都是她的最愛。另外，我們也曾一起探討過她們的歌唱技巧，而對於某些特別的小節更是百聽不厭。在音樂這個領域裡，哈達瑪對我的教導頗多，讓過去只有在「穴居」時會聽歌的我茅塞頓開，難道是因為她早就打算為我獻唱才這麼做的？難道是

因為她想教我怎樣鑑賞或認識她的聲音才這麼做的嗎？

不久，馬勒（Mahler）〈大地之歌〉（Das Lied Von der Erde）這首曲子的悠美旋律，又在不經意間，從艾嘉的指間緩緩滑出，而哈達瑪則默默地站在一旁，看來艾嘉一定在許多許多年之前就為她量身打造，準備了這些作品。同時，艾嘉質疑地望了望她，好像要告訴她歌聲必須表現出憂傷鬱悶以及騷動不安的一面，讓這些原來由木管樂曲和角笛所演奏出的音串做最好的展現。

哈達瑪看起來出奇地沈穩冷靜，而美妙的音色也充斥著整個屋內，儘管她的表現方式有些壓抑，但仍帶有一絲絲哀怨的味道。這是我第一次看到她沒有一味逃避和遲疑，展現出大將之風，甚至有點桀驁不馴，只是自始至終都很緊張，以維持高亢而昂揚的精神，但那些優美卻略帶不自然的姿勢及動作，讓她看起來是多麼地質樸和單純啊！她就站在艾嘉身旁，微微調過頭去，把手握住鋼琴的邊緣，繼續吐出美妙的歌聲。

當我不能唱的時候，
我又睡著了。
春天與我何干⁉

一時之間，「讓我醉了」這個句子似乎單獨從這支歌曲中抽離出來，然後飄盪在整個屋子內，徘徊不去。而在它飄逝前，哈達瑪的歌聲彷彿提供了一個足夠大的空間，讓我們在裡面歇息、休憩。

哈達瑪的歌聲並不特別洪亮，但卻有一種強烈而撼動人心的力量，讓人難以抑制奪眶而出的淚水。如果史蒂芬發現了她的歌聲有缺陷，也絕非指鮮明而優美的音色本身，而純粹只是由於他無法承受它所蘊含的感情力量，並有意摧毀她在這方面的信心所致。

至於我，則有可能為了這原因而宰了那小子。

一曲終了，她靜靜地站著，然後緩慢而沈重地低下頭去，讓臉頰垂在自己胸前。不過，意猶未盡的她，仍然在沒有伴奏的情況下，重複清唱那首歌的最後二段。她彷彿發現這樣做，可以讓歌詞透過自己的嘴宣洩出來一樣。

在泛紅的面頰下，哈達瑪所散發出的光芒彷彿照亮了自己，整個人光彩奪目。這就是哈達瑪：平易近人，容易認識與瞭解，什麼都攤在你面前，而且可以掌握，也並非不

容易捉摸。不過，即使再怎麼接近她，也只會看到同樣的一個哈達瑪，即使試著再多了解她一些，也不會發掘出另外一些不為人知的另外一面。這是在我追求愛情的過程中發現到的。而當我們更加親密後，她那顆外表冷酷的心，似乎漸漸獲得了解脫，不時流露出暖意。

當愛具體化後，每一樁愛情都會出現這種純情的時刻。我想把我自己、我的整個人生，以及我全部的能量都奉獻給愛情，這樣就可以把哈達瑪從史蒂芬的手中拯救出來，這不僅是為了我自己，也是為了她。我就是為了這件事而來的嗎？我所一再試著努力的就是這個嗎？對我而言，愛她所代表的意義就是如此嗎？

托斯卡尼尼（Toscanini）是個少有激情演出的人，大家很難看到他狂熱的一面，不過當代聲音最甜美的蘿莎・彭絲莉（Rosa Ponselle）在一場表演結束之後向他致意，這時托斯卡尼尼卻在她面前跪了下來。一個男人之所以會這麼做，是因為他無懼於這個動作會貶低自己的身份嗎？

我還記得魯西馬神父（Father Zosina）是怎樣跪在迪米崔・卡拉馬助夫（Dinitri Karamazov）面前，承認他的痛苦和災難的，還有史特拉汶斯基（Stravinsky）在結束

多年的放逐歲月回到俄國時，是如何地弓著身子在地上行禮的。他們的精神、權威，和所表現的力量，都透過這個動作宣示了出來。

在哈達瑪唱完後，我有些遲疑地站在椅子前面，但她卻直接朝著我走來，一語不發地站在我面前，抬起下巴，並一把抓住我的手，露出狂野中透著興奮的神情。我可以嗎？可以在她面前屈膝跪下來嗎？只見她用一種旁若無人並充滿挑釁的目光瞅著我，就好像正準備叫我這麼做一樣。當然，這麼露骨的表白是很冒險的，而且過於大膽，甚至等於把自己的底牌掀開一樣。不過連她都可以如此，我還不能跪在她腳邊，慶賀此事嗎？

忽然我聽見艾蒂絲在輕柔地呼喚著我和哈達瑪，這或許代表批准，也或許代表警告，甚至是嚴厲的最後通牒，彷彿我們倆都有點瘋過了頭似的。

不過艾嘉卻鼓勵似的對我說：「我們倆都該跪下來感激這一切。」說完他就緩緩移動著身軀，姿勢有點僵硬，而淺笑中也略帶自責，好像想起了某些永遠都不該忘掉的事一樣。

我猜想這就是他們家族一種幽默的互動方式，他們總讓我感覺到，我們似乎正在進

行某些古老且曾事先排演過的傳統儀式，只是那是在無意識的狀態下自然出現的，同時也必須靠著即興創作以及心照不宣的默契才能完成。

哈達瑪展現了高度的幽默感，對著我說道：「妳認為呢？」

我雙腿一軟，跪在她面前，承認她的確有天賦，只是一度為了史蒂芬而把這種才華丟到一邊去。我有幸目睹她究竟能獲得多少成就嗎？她正在等待我冒著和她一樣大的險，然後把自己完完全全地交付到她手上嗎？

我已越過了這條界線，而且陷得太深，永遠都回不了頭了。他們正在玩過去所玩的那些，而我也不自覺地走到了沒有退路的邊緣地帶。

所以我終於這麼做了！沒錯，就像那樣，我明確而清楚地跨出了女性自我中的那一面，進入一個令人吃驚的重組過程。我已下定決心要讓自己活得像個男孩，而這就是在艾蒂絲的音樂屋中所發生的事情經過：在一九七八年夏末一個冷颼颼的夜裡，我屈膝跪在哈達瑪的面前。

18 登堂入室

我的男孩生涯就這麼展開了。

這種戲劇化的改變，也讓我開始嚴肅地思考自我的本質究竟是什麼。但是這些沈思的形式卻不同了，我不再像從前一樣過著穴居生活，夜晚也不再輾轉難眠，竟夜徘徊於屋內。如今我睡得既穩且沈，還不時傳出打鼾聲，而且黎明即起，起床後立刻穿著登山靴到附近爬山。聽說在那兒可以碰到獅子，這種動物會窺伺來到溪流邊飲水的小鹿，以趁機覓食，所以停車場附近就立了個告示牌，把碰到獅子時的應變方法交待得一清二楚，像是千萬不可調過頭去沒命地狂奔等，通常這些獅子會直接走向人們，因此你應該盡可能地揮動雙臂並製造聲響。

停車場旁邊還立著一幅合成圖畫，畫著一個男人強暴了好幾個獨自上來的女登山客。因此，女性登山客如今只好三三兩兩結伴同行，甚至連大白天都不敢一個人上來。

就我來說，寧可碰到獅子也不願和那男人打照面，不過當我想往山裡面跑的時候，不管是誰都攔不住我的。

到了山上後，我會先跑跑步，再隨處走走，然後爬上一株矮樹看日出，但總是思緒如潮而無暇欣賞美景。我常常在想，人類如果可以自由選擇自己的生活形態，只要能搶在身份的烙印落在我們頭上之前，找到幽冥世界的生命起源處就好了。在我長年的穴居生活中，經常在這種原始的情境中徘徊，進退兩難，就好像陷入了自我的沼澤裡一樣。不過現在我已經可以清楚地了解到，在那種地方實在是太容易迷失了，這也是為什麼我女兒會意識到這種危險性，因而在放學回家後，就痛苦萬分地想把我從那種疑惑裡拉出來，幫助我逃離那裡，而這也是馬克斯會這麼專注、沈穩的原因，想必他了解自己是我回頭路上的指標。

如今對我來說，最明顯的是，自我是可以重新安排的，就像是萬花筒裡的馬賽克一樣。我可以讓自己歷盡千辛萬苦，成為任何東西，而成為男孩只是個起步而已，我還需要一個男孩的魯莽，以及義無反顧的精神，這樣才能和過去一刀兩斷。而像深恐無法滿足其他人需求，或是愧對馬克斯的心理所造成的那種自責和痛苦，都該一股腦的拋開。

我必須狠下心來，做個無情無義的人，另外也需要一顆堅定不移的心，確信走自己的路是完全正當的，不該被指指點點，同時，我還需要一種源源不絕的衝勁，好讓自己了無牽掛，而不讓任何一樣東西在心裡駐留。當然，我還需要男孩子那種擠破頭也要到外面闖闖、不會因為任何顧慮而退縮的勇氣。

男孩子做什麼事都不會持續太久，只有三分鐘熱度，或見異思遷的人，什麼事都來得急，去得快，面對他要征服的世界全無耐性。至於女性，就我所知，則對未來抱著逆來順受的態度，對於自己的侷限也相當明白，而且十分緬懷過去較自由的生活。一個女人會跪下來，謙卑地向權貴靠攏。可是為什麼我在變成男孩子後，所選的第一個動作也是這個？這又代表什麼呢？

或許我在哈達瑪這個迷失且絕望的女人身上發現，她是需要被拯救的，所以我能把持住自己，不讓自己變成這種女人。如果是這樣的話，那麼跪倒的姿勢中就隱藏著一股歡愉——慶幸自己能逃脫出來，不致陷入她那種表面上令人崇拜，背地裡卻受盡蔑視的處境中。或者是男性傲氣中那種根深蒂固的特質吧，只有透過兩手一攤或聳聳肩這種表示「隨便你」或「你看著辦吧！」的姿勢才能展現？

當然這其中仍有嚴肅的一面，值得我們嚴肅地思考。由於經過這些思考，我發現自己會趁著哈達瑪忙成一團時，一個人跑到街上的咖啡屋，仔細檢視並研究曾經身為女孩和年輕女性的自己。讓我印象深刻的是，整個場景以及記憶中的每一樣事物，包括大學生和滿街跑的人，如手工藝人、徒步旅行的、販毒的、迷失的狗狗，以及街頭藝人等，都能讓我感到愉悅。

這就是我這麼多年來一直逃避和遠離的世界嗎？而讓我身為女人的那個世界，也像狩獵季節結束時的一頭小鹿一樣，會悄悄地飄然遠逝？如今我已把它視為是我的世界而毫不羞慚，那也是等待著我去征服和提出主張的世界，更是一個等待著我去消費的大型嘉年華會。或許是因為我初為男孩，仍記得自己從前的羞怯模樣，以致於此種純真和自大讓我大為驚訝。這似乎和我過去所一直相信的世界並不相同，而且我已經在沒有男人的保護下踽踽獨行了一段路，難道這個世界會讓我害怕？會讓我擔心不已？為什麼過去我一直確信自己無法存活於這個世界，而如今它卻充滿誘惑地回首凝視著我，等待我飛身投入其懷抱，並高舉「所有權」的主張？

為了能再把這些問題深思一番，我來到了一間咖啡屋，坐在戶外的一張椅子上，兩

腿大剌剌地伸出去，把手放在腦袋後面，自得其樂地觀察著周遭的人事物。結果我很驚訝地發現，有許多女人在注意到我盯著她們看後，也頻頻回望著我，好像我這種下流、沒有教養的舉動，已引起她們的注意。

在附近閒逛的女孩和女人們，已和過去我所看到的那些有所不同，她們似乎整個人都被祕密填滿，並互相耳語著，說一些旁人不知道的事。如今這樣的認知是其他人而不是我，這個結論對我來說既奇怪又如夢似真，而原本和我對立且互不相容的她們，如今也傾心於我。我對她們的想法其實和她們有重大的相對性與關聯性，另一方面，引起她們興趣的地方也是自己從未想像過的，如果成為一個男孩後就會像如此，為什麼我還要等這麼久，為什麼我不快點變成男孩？

我跳起來，把煙屁股彈到大街上，然後走在一個手裡抱著一堆書的大學女生後面。當我表示要幫她拿那些書時，她似乎一點也不驚訝，就把一些看來頗具份量的書交到我手上，然後和我一同漫步於電報大道上。我們談得頗為愉快，直到我開始想到這樣會不會對哈達瑪不忠時，才悵然地將手上的書放到旁邊的階梯上，然後飛奔回去喝完我的咖啡。

這是傲慢自大嗎？我之所以討人歡心，是因為我自己認為理所當然應該這樣？其實這和外表無關，如果我穿起緊身褲和水手服的話，那外貌還頗說得過去，我曾有個捲髮器，當年我就用它把自己的一頭短髮捲曲在耳朵上，並垂到頸部。過去大家一直告訴我，我笑起來很甜美，十分上相，所以如今我就擺著笑臉。而由於我喜歡調皮搗蛋，總覺得自己是個男孩子，有種難以抗拒的魅力，所以在別人眼裡，我臉上想必總帶著一股放蕩不羈的氣質。

如果不是為了哈達瑪，以及渴望在午夜時分衝出屋外跑遍所有的鄰居家，或許我會轉變為一個沈著冷靜又冷漠無情的傢伙，自負得不得了。這樣一來，我就可以毫不猶豫地衝進哈達瑪家去找她嗎？算了吧！

我十七歲那年和家人一起窩在歐洲時，我有個表哥幾乎每天晚上都從他二樓房間窗戶鑽出去，越過屋頂爬到另一側，最後從我房間的窗戶滾進來，和我同床共枕。有時候他渾身濕淋淋地就闖了進來，所以還得把他包在毯子裡，才能讓他不斷瑟縮的身子停止顫抖，然後一起偷嚐禁果。不過即使是半夜三更，我們仍得十分小心，以免讓他爸媽知道，所以辦完事後他會再從屋頂越過陡峭的山形牆，然後一聲不響地溜回自己的床上。

如今我也開始夢到梯子，看來梯子似乎是男孩身份的必要物品。它可以引領我們到高處去，進入處女的房間、會見已有婚約的待嫁新娘、遭到軟禁的公主，或是被護衛們鎖起來的少女。有時候梯子可以讓我們越過危難和重重關卡，堂而皇之追求到禁忌的愛。既然如此，為什麼不這麼做呢？我確定自己能夠爬過哈達瑪家的花園籬笆，再從儲藏室攀上梯子，然後登堂入室與哈達瑪私會。這種行徑無法無天，可惡至極嗎？抑或只是個新鮮且從未嘗試過的玩意兒而已？這種疑惑或許就是女人通常無法下定決心成為男孩的原因之一。

十二月裡有兩個滿月，在第二個滿月出現時，我嚐到了孤枕難眠的滋味，而爬梯子幽會的念頭也始終在我腦海中揮之不去。我要她，想出去會會她。

自從我擺脫掉所有的弱點、神秘，放下所有的身段後，這些欲念就附著在我身上，揮之不去了。相形之下，過去被它們緊緊糾纏的哈達瑪，反而比我容易脫身。這是一種獨特的情欲魔力，我愈希望自己變成男孩，就愈瞧不起女人和自己的欲求，此刻哈達瑪已不再是我巴不得想變成的女性，我只希望能趴在她窗子下。由於我是個男孩，所以闖進她的閨房、鑽進她的被窩，讓她全裸的玉體橫陳在我面前……，這些本來就是我理所

當然應該享有的權力，她不能抗議，而因為我已非昔日的自己，所以她也一再誘惑我這麼做。我會伸出祿山之爪，一把攫住哈達瑪，享受秀色可餐的她，一刻也不停的愛撫著她，然後開始做愛做的事。找到「入口」登堂入室已成了我的目標，在我提出要求後，她一定會退讓，用圓潤平滑的雙臂一聲不響地纏繞著我，頭微微後仰，眸子半閉，並弓著身子倒向我。如果我跪在她的兩腿之間，也絕非由於我要跪著目視她和崇拜她所致，而是個嚴肅的索討行動。

我就這樣從籬笆上一躍而下，蹲伏在榆樹之後，然後快步跑到儲藏室，把門稍稍打開，再把梯子拉到草地上。就在那時，我突然開始笑出聲音來。因為，我才剛變成男孩不久，沒做什麼練習，技巧自然生澀。不過，哈達瑪卻瞧見了我，立刻跑了下來，在花園裡吻著我的雙頰，並在我耳邊低聲要我快點跟她回家，立刻往床上奔去。

我開始在想，男孩子做起這種事來一定是得心應手，漂亮極了，不管他們做什麼，只要像個男孩般行事，就不會出多大的差錯。「趕快走嘛！」她邊說邊把我往大門那兒推去，接著，我也突然間猛然騷動起來，難道她不知道我已變成了男孩？難道她不知道這一切是很嚴肅的嗎？

19 僵持與對峙

一個星期五的晚上，馬克斯和我又從哈達瑪那兒步行回家。哈達瑪陪著我們走了一段路，始終一言不發，在馬克斯的另一側盡量和我保持著距離。雖然有好幾次和我隔得很近，我也知道如果伸出手去，她的纖纖小手絕對逃不過我的手掌心，但那晚哈達瑪卻心志已決地不再瞧我一眼。用餐時，她小題大做地不斷指責那些小女孩坐沒坐相，動輒從椅子上跳上跳下的，吵得大人無法安靜吃飯。看來她正在猶豫不定，並重新思考著我們倆是否還應該攜手同行。這讓我有些自暴自棄，又有點憤怒，甚至在她轉過身一個人走回家時，連一聲再見都沒說。

這時一隻美麗的拉布拉多犬從一棟大房子裡衝了出來，直接跳下階梯跑到大街上迎向我們而來。只見牠一路尾隨著馬克斯，而他也停下來搔著牠的腦袋，一副體貼入微的樣子。馬克斯曾經從朋友那兒借了一輛汽車，帶著一個睡袋和帳篷就隻身開車外出，度

過漫長的週末假期，但那晚我們才突然發現，過去那些年來我倆一起共度的時光，對彼此來說都是那麼地美好。在我們不再需要擁有彼此之前，兩人都了解那種刻骨銘心的感覺。

「還記得那次我們去河口的三角洲露營，妳被蚊子叮得滿頭包嗎？」他以充滿懷舊的口吻問道，同時順勢攬住了我的臂。

「你又要動身去度週末了嗎？」

「最近妳似乎顯得緊張兮兮的，是為了哈達瑪嗎？妳大概很希望一個人去她家吧！」

「你覺得她怎樣？值得為了她去通過一切考驗，或者捨棄一切嗎？」

「艾蒂絲覺得她很需要妳，巴望著妳能帶領她重拾昔日時光，把多年前她所放棄的東西給找回來，但是，妳又能得到什麼？」

「艾蒂絲把哈達瑪的事都告訴你啦？」

「她都在談她自己，我不知道自己是否偶而聽到一些話，也不知道自己是否有意想這麼做？」

「你的確想要打聽這些，艾蒂絲一直想要把你叫起來，和我打場架。」

我們走過自己的屋子，走過玫瑰園，直接走進玫瑰步道，然後在一張石椅邊停了下來，並面對面地站在左右兩側，旁邊則栽種著兩叢頗高的玫瑰。只見我沿著那張石椅從一叢玫瑰踱著方步走到另一叢，然後陡地轉身再走回去，就像正在當衛兵值班放哨一樣，至於馬克斯則始終保持著相同的步伐跟著我。看來他很擔心我，不知道是否該讓我知道那些事。

「在妳第一次從以色列回來時，」他試探性地說道，同時握住我的手，把我拉離那張石椅，「還有在我第一次到蘇格蘭找妳的時候，妳總是說妳和席娜只是普通朋友，而且只要繼續維持這種關係就好了。」

看來是為了我的緣故，以及想纏住我不放，所以他只好逼著自己把心事說出來。雖然他已準備好放我高飛，但那些話還是忍不住脫口而出：「從那時起妳就沒提過席娜，甚至連一個字也沒說。不過如果妳想在哈達瑪的身上找到席娜的影子，那麼一定會失去哈達瑪。依我看，妳最好找個人談談席娜的事，回想一下過去的時光。其實妳可以對我說，什麼事都可以告訴我，我絕不怕聽到什麼。」

我們從另一排可以通往那座梯形花園的階梯，來到一處寬敞的碎石地。零零落落散

在兩側的房舍一片黑暗，只有遠處巷子裡有棟房子的一樓開了盞燈。只見馬克斯雙手緊緊地扭在一起，彷彿已經預料到等一下不管我說了什麼，對他而言都絕對不是件好事，只會帶給自己滿腔遺恨。

「我和哈達瑪的友誼當然不能和席娜相比，」我已失去了耐性，過去從來沒想到過席娜，也有意要忘了她，除了和她的一段情是個事實外，其他的已沒有任何意義。

他似乎一下子高興了起來，就好像把這個回答，當成了我絕對不會愛上哈達瑪的保證一般，可是，他卻弄擰了我的意思。我說哈達瑪並不能和席娜相比，是因為哈達瑪並不是在以色列的集體農場裡長大的，而且不會懼怕外面的花花世界，即使面臨最後一刻也不會失去膽識。換句話說，她之所以不能和席娜相提並論，就是因為我和她在一起會有未來。

接著他就像過去那樣把我緊緊摟在自己結實的雙臂中，由於我坐的階梯較低，所以他可以把下巴放在我頭上。我想起來，這感覺就像是讓我從自己身上溜走，然後倚靠著他，讓自己所擁有的力量和所有欲念穿過我們之間，然後再從他那兒回到我身上一樣。而此時我也拾起所有柔順的心，和任人擺佈的心理，然後一股腦地退還給他。可惜天不

從人願，在暗地裡我仍緊抓住那些心理不放，就彷彿它們是屬於我自己的一樣。

我站起身來，然後毫不抗拒地與他並肩而坐。

「這和妳的人格特質有關。」他遣詞用句十分謹慎。但我們之間其實不必如此，我們是分隔許久後又再度碰面的同居密友，也可以說是過去曾一度十分親密的兄弟或隊友。

「大概妳不會喜歡我接下去要說的，」他的語氣似乎輕鬆坦然多了，或許他現在也感覺到我們只是好夥伴，正在談論著其中一人與女人的熱戀。「妳想改變自己所愛的人，妳的人格特質就是這樣，會給她們施加壓力、改造她們，實際上也確實改變了她們。所以妳永遠不會和她們互相對抗，而只是和她們所變成的人互相對立。這是很讓人得意的事，妳所製造的實際上是另一個更好的自己，但卻使其他人感到不安，唯恐她們自己一不小心隨時會沈淪、陷入更平凡、更陳腐的自我，而讓妳失望。」

「但你已經安然度過了這一切，並找到了活出自己的方式。現在你又這麼說，是不是指能夠達到這種境界的人並不多？」

「的確不簡單！」

「不！」我立刻掙脫了他，然後立定了身子，「對你或對我來說都不是這樣的。」

這句話似乎讓他吃了一驚，而他這種驚訝的表情也惹惱了我。他對自己的這番臆測表現得一副十分自然的模樣，不過，我卻為了應付這個困境苦了好幾年。

「我知道生活對妳來說並不是件簡單的事，」他好像有些退讓，「我也被這些事困擾不已。」

「其他人都不能處理好它嗎？你要說的就是這個？」我已下定決心不要哭，也不要提高自己的音量。

這時離我們最近的那棟房子的二樓亮起了燈，於是馬克斯起身拉我起來，並一同沿著走道往裡面走去，越過一株株被保護在鐵絲網裡的玫瑰。

我盡量降低自己的音量，「所以我最好跟你在一起，因為除了你以外，再也沒有人能忍受我，對不對？」

「我沒有這樣說。」

「大致上就是這個意思，只是你偽裝得很好。」

「我已經看出來妳和哈達瑪之間到底出了什麼問題。」

「連我都不知道！你怎麼能看得出來？」

「哈達瑪很怕妳，而席娜和我雖然從沒見過面，但我相信她對妳也是十分畏懼的。」

「但你並不怕我嘛！」

他緊張萬分地望了望周遭，彷彿知道這就是我們所要面對的局面，而我的音量也顯然提高不少。「我再也不怕了，一點也不怕！」他說道。

「這似乎像英雄般的自我征服嘛！」我勉強把自己的音量降低到不致引人注目的程度，「由於你是全世界唯一能忍受得了我的人，所以我想最好還是緊緊黏住你不放，對嗎？」

「如果妳為了哈達瑪而離開我，就會留下我一個人孤獨以終。」

「你真的是這樣想的嗎？你會比我更了解哈達瑪嗎？你知道她真正喜歡的是什麼？知道她能夠做哪些決定嗎？你一味逃避我，又怎麼能了解這些呢？」

「女人都希望哈達瑪……」

「我們能把她隨意歸類嗎？」

「女人都希望哈達瑪先選擇安全，然後再談其他的事。」

我立刻快步離開他，走上步道，然後沿著那條巷弄最後幾間屋子間的階梯直奔霍桑台地。後來看見他亦步亦趨地跟在我後面，索性猛然轉過身去面對他，「或許哈達瑪覺得跟著我會比較安全些，她以前就這麼認為，這點我比她還要了解。」

「就像席娜一樣？」

我的雙臂這時攫住了他，我們緊緊站在一起，對我而言，那種感覺就像是站在椅子上往下瞧著他一樣。「你了解席娜哪點？除了我告訴你的那些以外，其實你對她一無所知，換句話說，你只是透過我才認識她，但是你這個自鳴得意的傢伙，現在卻站在這兒大放厥詞，自以為了解哈達瑪，自以為了解席娜，了解她們的一切，而你真正了解的只是我而已。看來你唯一欠缺的是認識自己，你知不知道自己，為什麼會這麼好心而體貼地提供我這些偉大的觀察心得？」

「我還記得去蘇格蘭找妳時的情景和心情。」

「我也記得你，在我絕望又自暴自棄時，你卻一副神采飛揚，志得意滿的樣子，扮演著救世主的角色，而且還樂此不疲！」

他推開我，然後大踏步地走回巷子裡，越過那幾叢玫瑰，越過周遭黑漆漆的房子，

以及那棟樓上亮著燈的房子。可是，我並沒跟上去。

「過去我所犯的唯一錯誤，」我扯開嗓門大聲說道：「就是在我應該不計任何代價遠走高飛，並且透過自己了解這一切的時候，反而把你給叫回來。我早就該離開你，這一次也該這麼做。」

他已經快走到大街上了，但又因為我的這句話而停下腳步，接著聽到他說：「依目前我的了解，現在妳已經身無分文，而且也沒有謀生的能力。」

「你真的這麼認為？好！我會記住你說的話！」

我們又再次面對面地對恃著、只是我連一步都沒走上前，「你說我不能靠自己的力量完成什麼事，沒有一個人能忍受得了我，連謀生的能力也沒有，會把所有愛我的人嚇跑，當然……當然我遲早都會崩潰的。」

「那是妳憂慮不安的地方，不是我的！」他雖然盡量把自己的聲音壓低，但可以聽得出仍在生氣發抖。

「很好，難道你不會說幾句可以讓我不再擔憂的話嗎？你只是以冷靜及充滿哲學的觀點，觀察這些事的發展？我當然會覺得你話中有話，會帶給我干擾，而且語意不明。

你想把我折騰到什麼地步呢？」

「那會讓妳憤怒、不愉快，幾乎和過去我所見到的妳一模一樣。」

「當然你就會等在那兒安慰我，可是，你卻永遠無法了解自己所扮演的角色，正是把我逼到這步田地的推手。」

我還記得伏在他懷裡尋求慰藉的感覺是什麼，而他一定認為此次我遲早也會這麼做，就好像過去每一次碰到這種情形時，我總是會停止扮演他的夥伴，恢復女兒身，依偎在他身旁，而他也總是會適時地撫慰我那樣。

但目前我面臨的是哪種處境呢？他很擔心我，想處處保護我，同時又感到極度的懊惱，而我則被他激怒了，火氣陡升，當然也很沮喪——這一切都是習慣使然。我們過去就曾談過這些，如今又舊事重提，我們所引頸期盼的解脫之道，就是讓這些事一而再、再而三的重覆出現，這樣才能把我們給搖醒，讓我們安下心來，並帶領自己繼續前行，就好像這種對話在過去已出現了許多許多次，使得我們已不再相信它一樣。

在一片默然中他笑開了，我也笑了。最後我倆兩手一攤，聳了聳肩。

「我想情形大概就是這樣吧！」他說道。

「我想也是如此！」我回答道。由於我們在當前的關係上已無計可施，所以又回復了原先的夥伴關係。自從那天晚上聽到哈達瑪的「清唱」後，我就經常來到那條大河邊，從河的這岸一路歌唱到對岸。現在我又偕同馬克斯來到這兒，並肩站在同一個岸邊，以前，我們可從來沒有這樣過。哈達瑪就在河岸的那一頭，我會窮畢生之力嘗試著過河，回到她那兒，當然以前我就曾在那兒陪伴過她，只是當時我們都把這些當成了「純友誼」。

這時一陣微風突然沿著罩著鐵絲網的玫瑰叢邊飄了過來，吹散了稍嫌悶熱的空氣。當它吹過了之後，周遭氣氛顯得一片凝重，我倆相偕走了出去。

「真不明白妳怎麼忍受得了那件水兵服？」從好幾年前他就知道我怕熱，所以忍不住嘀咕道。

不管白天還是晚上，也無論是什麼時候，他幾乎都稱得上是個善解人意、心地好而且柔情似水的新好男人，但是，他也像其他任何人一樣有深沈陰暗的一面，由於很難讓人相信它們的存在，所以這些深沈陰暗處在他身上，或許更加地危險。在這之前每當我們意見相左時，不管我說話有多大聲，最後總會認為他是對的，也不管我們之間的攻防

有多麼激烈，我總是會挺身為自己辯護。

他和我又坐在玫瑰步道上面幾層的台階上，過去我們就經常這樣坐著談話，可惜此情此景以後就再也難看到了。只見我們都把手肘擱在膝蓋上，默默想著自己所一直未曾做出的選擇。熱氣並沒因為在樹蔭下而稍有舒緩，就這樣我們兩人陷入了一場奇怪的競賽中，不過不是為了哈達瑪，而是為了我的雌雄莫辨而互相僵持著。我是不會脫下我的水手服的，那是哈達瑪送給我的「定情物」，是有約束力的，其價值超過所有合理的計算值。

20 永遠的拉鋸戰

那天一大早我們從外面散步回來，我用一個小蒸汽爐煮著咖啡，而她則在樓上沐浴。不久後我端著兩杯咖啡，來到那個有法式門窗的房間，坐在那兒等她。關鍵時刻終於來了，自從早上哈達瑪打電話來，我就知道今天我們將會面臨挑戰，是恩斷情絕還是找出解決方法，就看今天了。此時我的腦袋一片空白，不知道會出現什麼結果，也不知道自己會說些什麼，更不明白她會對我說什麼。

房間裡充滿了緊張不安，一副山雨欲來的氣氛，燈光從蝕刻版畫的玻璃表面反射過來。待會兒哈達瑪進來後便會把門帶上，把我們倆個人隔絕在周遭的世界之外。不過，這時突然出現了不速之客，只見那兩個跟屁蟲般的小女孩追著她們的狗跑了進來，然後又經過法式大門衝了出去，差點把細緻而易脆的玻璃燈飾給震碎了。接著，一個年紀稍長的男人探著頭進來窺視了一番，起初還禮貌性地笑了笑，後來表情轉成略為失望，可

能是發現哈達瑪沒在這個房間裡，然後又悄悄地走了。我可以清楚聽見這批貴客，在樓上到處亂跑的雜沓聲以及喧囂聲，但是，我卻不知道到底是誰會這麼放肆，如入無人之境的到處亂跑，也不知道他們已經來了多久，或是來這兒幹啥。

今天，在這個房間裡發生的事，或許會改變這個屋子的作息常規，而且只要把門關起來，就會自成一個私密的小天地，把其他的一切徹底隔絕。哈達瑪終於進來了，她穿了件淡藍色的和服，頭髮還是濕的，光著雙腳拿了只電話走進來，後面還拖了條長長的電話線。那副嬌弱無力的樣子讓我頓時產生一股驕傲感，原來自己是個火辣辣的「酷哥」，運動衣中所包裹的軀體十分精瘦、強健，沒有微凸的小腹，而且身上連一個縐褶都沒有，一雙結實有力的臂膀正準備砍倒整座叢林，以便緊緊捉住那個我所渴望的女人。哈達瑪終於講完了電話，她把電話放在身邊的地板上，「我帶了些東西來給妳看。」她故意不著邊際地說著，不難想見接下去她要說的話會是個嚴肅的話題。「把門給關上好嗎？」她邊說邊把一些畫攤在地板上。接下去將發生的對我來說必然意義重大，以前一出現這種情形，她總會親自把門帶上。

「瞧瞧這個！」當我跪坐在她身後時，她邊說邊從肩膀上遞了杯咖啡給我，然後拿

起自己的那杯，若有所思的啜飲著，「妳認得出他嗎？」

那是幅鋼筆畫，線條大膽而高雅，似乎是大師級的作品，細膩動人的筆觸把畫中老者的神韻完整表達了出來，呈現一種苦樂參半的幽默感。只瞧他噘著雙唇，半閉的眸子下有副嚴肅而陰沈的表情。

「當然認得出來，這是艾嘉嘛！」我倚在哈達瑪的肩頭上說道：「不過妳看他的表情好奇怪，我們對這個上了年紀的老頭兒清楚得很，那可愛的臉龐對我們來說再熟悉不過了，但這幅畫似乎可以讓人瞥見他的出身，與當時所處的的那個紛紛擾擾的時代，妳可以從這幅畫裡瞧出些端倪嗎？」

「我看不見得每個人都會這麼認為，當然，妳這些話對這名畫家來說倒是頗為受用。」此時我的臂膀也順勢圈住她，這是我倆並肩而坐時的習慣動作，而她頭也沒回地就交給我另一幅畫。那是粉蠟筆所畫的，有些褪色，我就這樣在她面前手持著這幅畫，同時前傾著身體以瞧個仔細。「這是艾蒂絲姑姑嗎？她這麼年輕啊？可以確定的是這兩幅畫絕非同一個人畫的，風格完全不同，不知道是不是帶有些輕柔和多愁善感的味道，同時畫得也好像比本人更美。」

「妳沒注意到啊？」

「沒很注意。不過這幅畫一定很棒，經過這麼多年後仍然可以看出來，畫這幅畫的人一定很渴望除掉她那銳利、靈敏又古靈精怪的那一面。我認為她在年輕時一定具備這種傾向，而且作畫的人一定覺得自己的職責就是掩藏住它們，而不是將這種神韻盡情渲洩出來。」

「妳很愛艾蒂絲姑姑吧？妳相信她的話嗎？她勸妳的話妳都做得到嗎？」她邊說邊把這兩幅放在地板上，蓋住了第三幅畫，以致於我只能瞥見它的一角。

「她的話我或許會聽進去吧，這得視什麼內容而定。如果那些都是我想做的，就肯定會聽進去。」

「艾蒂絲姑姑覺得妳已經愛上了我，她也勸我接受妳的愛。」

「艾蒂絲姑姑勸妳愛……」

「不！不要！」在我想要起身時她立刻拉住了我，「待在那兒別動，我還有些東西要給妳看。」說完便把第三幅畫小心翼翼地拿出來。

「如果艾蒂絲姑姑勸妳勇敢去愛，那豈不表示她知道妳還沒……還沒愛上我？」

「妳也知道艾蒂絲姑姑並不怎麼瞭解我，總認為我太傳統，所以無法和女人相愛，即使我已經……已經陷入了熱戀當中，她也不會相信的。」

「我明白啦，」我試著站起來，「妳已經在戀愛了。」

「不！別動！」她說道：「坐下，妳知道妳的聲音會深深震撼著我嗎？待在那兒別動！這些話真是難以啟齒，如果讓我直直地看著妳，我會控制不了自己的。」

我站了起來，我得站起來，這樣才能比她高，把她給比下去。

「妳真的很喜歡艾嘉的那幅畫？真的認為它畫得要比粉蠟筆的那幅好？可是妳要知道，粉蠟筆的那幅是比利時的名畫家畫的，他和我們是世交。而艾嘉的那幅……妳知道是出自於何人之手？猜猜看？妳不是只想吹捧我嗎？那正是我畫的……」

大門這時一陣搖晃，然後砰然朝著花園應聲而開，大清早的那陣涼意立刻穿透了整間屋子，冷得我打了陣哆嗦，也不由得暗罵自己一聲。

「婚前我就把這些拿給史蒂芬看，」從聲音中不難聽出，只要一提起史蒂芬她就滿腔的屈辱感，直讓人透不過氣來，「當時他不發一語地就把它們給撂在一邊，真搞不懂他究竟是喜歡還是厭惡這些畫。他似乎對這些漠不關心，沒錯！雖然他知道那幅是我畫

的，也是一副不以為然的樣子。」

「哈達瑪，」我蹲下來，雙臂緊緊環住她，「聽好，只要妳能讓我……」

「妳還不明白嗎？」她順勢往後一仰，緊靠著我，「這就是真正的問題所在，如果我改變了自己的整個人生，把內心的一切都掀出來，到最後還能做我自己嗎？還是按照妳的希望，變成妳想要的人？」

「我並不是要來和妳做買賣，或是達成什麼協定的，只是依照自己的方式去愛妳，對於在妳身上所看到的一切我都很明白，妳說我該怎麼做才能對這妳有所幫助？以我而言，妳就是……」

原本背靠著我的哈達瑪聞言立刻站了起來，往前走了幾步，然後就在房間的中央停了下來，「別說啦！我不希望妳再把什麼稱號給冠到我頭上，什麼都別說，也不要再做任何解釋了」

「史蒂芬會重視妳嗎？」

「我覺得他沒有像過去那麼重視我，更何況我現在已經開始認真思索自己的未來，同時認識了妳，所以更覺得他不會像以前那樣看重我了。不過，現在我對這些已經不怎

麼在意了。」

看來我已獲得足夠的「威信」，讓她更重視我，同時我也改變了對她的看法。就像過去在史蒂芬身上失去的那些自信與特質，她是否也會因為遷就我，而再度失去她自己？

她需要我的承諾，好培養與他挑戰的霸氣，而且以這樣的驕傲來愛自己，同時用來挑戰他的威權，摧毀他所帶來的壓力。我是不是已經成功地完成了此一目標？在順利取代他的地位的同時，也同時陷入了可能侵吞她、竊據她的相同危險中？她這番話雖然只是輕描淡寫地說出來，不過卻銳利似劍，這就是哈達瑪的風格，在奮勇往前的同時又會轉過頭來質疑妳，看來只有她自己才能妥善的處理這個僵局，或許也只有我才會深陷其中。

我站了起來，朝門口走了幾步。沒錯！我的確不發一語地這麼做了。這就是男孩子精明詭詐的一面，這個舉動果然引她往我這兒走過來。我只要這麼做就好，就是這樣。我必須能展現一走了之的決心，這樣才不會永遠的失去她。只見她貼著我站著，一雙小手不聲不響的將我攔腰一抱，「我知道我對妳做了些什麼，也知道妳歷經了些什麼，但

妳知道我是愛妳的。妳自始至終都明白，也看穿了一切的偽裝，看來我永遠都騙不了妳，也永遠不可能誤導妳。這些我已經明白了，妳比其他任何人都要了解我，因此妳也知道自己會給我帶來多大的危險？」

「危險？會給妳帶來危險？」

「妳能否認這點嗎？妳心理明白，在我能夠喊出自己名字之前，妳就已經喊出了我的，老實告訴我，妳能否認這將使我陷入危險的事實嗎？」

「我能，沒錯，我能否認，但這整件事讓我十分震驚，這太荒唐可笑了。難道就因為我愛妳，就因為我看透了妳，並愛上自己所見到的妳，就會對妳構成危險，並且在我們開始下結論之前就先失去了妳？」

「我要是妳所想像的那樣，如果我只是妳所見到的一小部份，或是跟妳在一起後會變成……」

「妳的口氣怎麼那麼像馬克斯，他曾在妳面前談到我嗎？這是不是一個陰謀？」

「我就是這樣才能夠了解我自己，而且在馬克斯面前也是如此，過去我曾談到妳，而他也只是更加證實我已經知道的事而已。」

「可是妳在他面前談到我了呀！」

「這並不是妳想像的那樣，絕對不是妳想的那樣。這些是我個人的恐懼，是我個人的猶豫不決，也是我個人對自己的懷疑。」

「所以妳不會聽艾蒂絲姑姑的勸囉？畢竟妳太傳統、太守舊了，無法愛上……妳所愛的，是不是？」

「看著我，別走開！我們必須面對彼此，更何況現在什麼都還沒決定。」

「我憑一己之力就可以通過這一切的考驗，哈達瑪！我快被妳的話給搞迷糊了，忽焉在東，忽焉在西，有時候是這個意思，但沒一會兒功夫又變成另外一種意思，我已經迷失在這種永無休止的矛盾之中。就拿剛才那句話來說吧，對我來說，那似乎代表妳已經做出了決定。」

「我只是想要告訴妳，我現在好害怕。」

「所以呢？」

「我需要時間……」

「時間？世上所有的時間不是盡歸我們所有了嗎？又有誰曾逼迫過妳，催促過妳？」

「我覺得妳必須要了解，妳是為了我才丟下馬克斯的。但如果我……如果我還沒準備好的話……將會怎麼樣呢？」

「馬克斯和我都要向對方說拜拜了，因為，我們已經準備好讓對方走啦！」

「所以我自由了？」她淡淡地說道，幾乎聽不出來她正在暗自盤算著，「我沒對妳做出什麼承諾吧？看來妳沒有什麼好期待的嘛？」

「每一件事都是我所期待的，不過我最希望的，最相信的，以及最心甘情願去冒險的，就是爭取到一個完完整整的妳。其實妳什麼都不必說，甚至也無需知道。」

「我有個感覺，每次辯論妳總是會贏。」

「沒錯，始終都是我贏。」

「所以妳明白了吧！」她得意洋洋且有些淘氣地笑道：「現在應該明白我為什麼會這麼怕妳了吧？」

21 欲望追逐

早在我另覓良人的謠言傳出之前，馬克斯就已經在附近找到了一間房子，它靠近公園不遠，就在山上的街道邊。起初馬克斯只是把一些個人的物品放在那兒，當然接下去我們還得決定其他東西的去留，比方說我們現在的房子、使用多年的傢俱、畫家朋友們送給我們的畫作，以及我們所收藏的唱片等。有一天我回到家，想要拿自己的單車，忽然聽到樓上有個男人在飲泣，聲音裡透露出幾許畏懼和忿怒。他老兄過去幾乎從未哭過，對自己的遭遇也從來沒有憤憤不平過，於是我只好悄悄地關起房門，並急忙跑進我的書房。我知道如果現在上樓，飛奔到他懷裡的話，那情況一定十分危險，因為在那兒我們會想起自己所經歷的悲傷和苦惱，那就表示我們應該言歸於好，破鏡重圓，但是我得走了，我還有哈達瑪呢！我想結束掉這段不幸的婚姻。

一旦你唯一的希望就是讓對方放你一馬的話，必然會經過幾天這種痛苦的日子，看

來每一樁愛情故事都不曾例外過。這個時候，許諾過的每件事都會成為未知數，沒有一件事是事先決定好了的，但彼此對每一件事卻都心知肚明，在事情都有了準備的同時，會特別凸顯此一問題。這種情況下，需要的只有堅強的信心，以及讓事情逐漸圓熟、花開蒂落的能力。對女人而言，這種信心並不容易獲得，只有靠溫和而良性的傲氣，以及沈著的利己之心才能辦到。也唯有這樣，才能相信自己可以心想事成，並值得擁有這些自己所期望的美好事物。不過，這些人格特質過去在我身上都付之闕如。

哈達瑪家族那幢大宅院的門已砰然一聲關上，把我們孤零零地隔絕在這世界之外。如果我們想睡覺的話，通常會跑到樓下的音樂室小寐幾個小時。這情況就像是一對兄妹或是雙胞胎在各自離家求學一個學期後，如今又一起回到家裡過寒假那樣。

我們會吃些新鮮水果、乾燥水果、堅果以及巧克力，而她則隨興小唱二句，或是翻箱倒櫃地找些想讓我欣賞的書或唱片，再不就是拖著我到那座圍著天井設計的花園，裡面隨時會有些需要除草或是收割的植物。然後她會說服我陪著她練鋼琴，那是座古老的立式鋼琴，小巧精美，上面甚至附著華麗的裝飾用燭台。到了晚上，我就把再三練習過的巴哈曲子從頭到尾彈完，沒有出一點錯誤，也沒有絲毫遲疑，而她則燃起蠟燭，關上

電燈，然後坐在我身邊。只見她風姿綽約，尤其在輕啟朱唇低吟淺唱，柔美的聲音配合著呼吸緩緩吐出時，更像隻小鳥學會了駕馭氣流而穩穩地站上枝頭一樣，給人氣勢不凡、沈穩和儀態萬千的驚艷感。在她沒有唱歌時，我們就會背對著背坐在法式大門邊，或是趁著夜色溜到天井，這時，我們倆會共披著一條圍巾，一起回憶著兩人相依相戀的歷史，一起討論每件事所代表的意義，以及最早是在什麼時候開始了解到彼此想法的。

回首前塵，她知道自己很煞風景，常常在準備接受我之際又突然改變心意，如今她終於承認這會帶給我很大的傷害，每當我們談到這兒，就相視大笑。也因此她很羨慕我所展現的耐心、慎思明辨的能力，以及對她的絕對信心。

我可以發誓有時候她會有求於我——希望我用有力的臂膀緊緊環住她、緊緊擁抱她、吻她、讓她成為我的，並且佔有她。這個時候，通常她都會側著頭，雙手輕觸我的肩頭，輕鬆而寫意地和我一同走進寂靜的世界中。

有時候她的一些動作舉止似乎顯示她有話要說，可是卻欲言又止，這些情況我熟悉得很，當我還是個女人時，不也常這樣嗎？我們之間這些優雅而曼妙的動作似乎讓她十分著迷，有時候她會拉著我的手，把身子靠過來，緊緊抵住我，然後把我的手指舉起、

放下，她對這些動作樂此不疲，心滿意足，往往持續好幾個小時。此外，她也喜歡用腮幫子緊緊抵住我，感受我的呼吸，同時也會十分好奇地盯著我的手瞧，就好像正在學著了解它們似的。有時候，她也會把我的右手放在她肩上，然後緩緩下滑，先是讓我的手抵住她的膝蓋，最後卻輕輕但十分迅速地頂住她豐滿的胸膛，這個時候她會逐漸陷入沈思，就好像要靜靜地吸收這些印象似的。這種充滿色欲的「陰影遊戲」雖然深深吸引著她，啟發了她，並且讓她得到靈感，但對我來說則只有疑惑和挫折而已。

然而就在不久之前，終於讓我知道如何在這種遊戲中得到樂趣，只是男孩子早已失去了進入這種歡樂殿堂的關鍵之鑰，而這股熱切感也放緩下來，並且在一再重覆中將快樂延長了。對我來說，只要一坐在她旁邊，那股欲求即立刻湧上心頭，也不可避免地產生一股衝動，想要立刻將欲求化為具體的行動。我是性情中人，由許多情緒反應和姿勢動作中都可以知道，無論是對於誘惑或是障礙，我都會很快失去耐性，所以當她的目光忽而飄向我，忽而移轉至他處時，我的一顆心就會隨著她起舞，心頭時而好像一把火似的燃燒起來，時而熄滅，旋即熱度又再次陡升。她喜歡施展魅功，只要看我一眼就可以把我的魂給勾走，乖乖地跟著她穿過房間。她渾身上下佈滿了笑聲和祕密，而且祕密也

採取部份保留、部份吐露的態度，讓我陷入愈來愈多的憤怒、憂鬱、心情起伏，以及夢幻之中。

有時她也會充滿訝異地望著我，就好像對我充滿了期待，希望我也像她一樣的敏銳和細緻，同時擁有作夢般的力量，好讓緩緩增加的欲念流到她那兒，讓她恣意地「消費」。這一切對她似乎已無可避免，但我卻認為她是在處處抑制著我。

我們之間也在進行一場遊戲，在遊戲中我們互相追逐，彼此追過來，躲過去的，過程中偶而相會、捕捉彼此的眼神，或跟隨著對方，或失去了對方，就這樣歷經了長長一頁愛與分離交織而成的愛情滄桑史。我們一起赴維也納的劇院，她想起了過去所帶去的那條喀什米爾白圍巾；我們在凱倫堡碰面時，她又想起了餐桌上的那碗起泡奶油。後來我們在阿爾卑斯山區走了好長好長的一段路，也在火車的頭等廂裡彼此追逐，互相超越對方，就這樣一路晃到希臘。最後她實在累壞了，需要找個臥舖，而我也放棄了自己的那張床。

就在哈達瑪寬衣上床，和我若即若離地保持著幾吋距離的同時，我就老老實實地告訴她，站在火車狹窄的走道上用雙臂緊緊擁住她，同時身子倚靠在車窗上的那種滋味像

什麼。這個時候，隔壁那張床起了陣騷動，只見這兩張床之間只隔了片薄薄的玻璃柵欄，上面覆蓋了層厚重的幃幔，而那名不認識的婦人則在晨曦中有氣無力的起床。後來在我的協助下，才下得了火車，從此就沒有再看到這名婦人。

如今我對哈達瑪的欲望已愈見高漲和迫切，好像是要尋找一個能絕對駕馭她的方式，以充分配合著她的色欲世界。其間我備受嘲弄，也備感煎熬，經常被她搔弄得心癢癢的，整天受她引誘，被她拖著跑，在興奮和激情中又不時勉強壓抑自己，畏首畏尾，退縮不前，因而我的欲望中開始顯現殘忍、暴力以及獸性的一面。我已經變成了男孩，所以能了解這些欲望——先是期待著對方能百依百順，後又急著需要對方像隻聽話的綿羊一樣，任由自己擺佈，最後又放棄了這種念頭。對啦！就是哈達瑪，她一定得盡褪衣裳，剝得一絲不掛，然後玉體橫陳地躺在我面前。她一定得為先前的曖昧不明付出代價，為我那似乎永無止盡的期待付出代價，否則我又何必一個承諾又一個承諾，並公諸在我永無休止的欲望大街上？此時我也愈來愈像個獵人，會悄悄潛近獵物，偷偷摸摸的觀察，然後伺機而動，隨時準備一躍而起，將她手到擒來。

不過有時她所激起的漣漪或火花會讓我感到害怕，甚至不只是害怕而已。這種異質

性會在我們之間逐步升高，讓我們彼此疏遠，互相怨恨，想挾怨報復，並且使我們深感疑惑。也就是說這種欲念會把我們一同帶往危險的轉捩點，並且終將讓我們勞燕分飛。

有天早上她在喝咖啡，看到我正目不轉睛地盯著她瞧，於是大發嬌嗔：「別這樣瞪著我瞧好嗎？」不過音調中似乎在暗示，她並沒把這件事看得多嚴重。

「我並沒在盯著妳瞧呀！」

「可是妳卻好像在那邊等待著……」她若有所思的說道，聲音中帶有一絲的煩躁，只是微弱得不容易察覺出來，「等待著機會把我給……」

「沒錯！我正在等待著。」我的煩躁也在聲音中表露無遺，而且清楚多了。

「為什麼妳對我們所擁有的還不滿意？」

「就像丹達羅斯那樣，只要有水和水果就滿足了嗎？」（譯註：在希臘神話中丹達羅斯為宙斯之子，因洩露天機而被罰站於湖中，湖水高到下巴處，但只要他一口渴水位就迅速退下，如果餓了想要摘果子吃，果樹也會往後退去，因而讓他受盡煎熬痛苦。）

「妳瘋了不成？妳覺得我對妳有所保留對不對？」她一副氣嘟嘟的樣子，同時也有些困窘和迷惑，「那些日子妳不是也……？這些日子不是……？我們在一起的這些時光

究竟是怎麼啦？」

「聽好！」我說道：「現在給我聽好！」我一時為之詞窮，找不到適合的字眼把心底的話說出來，於是反應透過肢體傳了出去，就好像想把她給震得七葷八素，然後殘酷地拎起她，並重重摔到椅子上一逞獸欲那樣。「當然！」我強迫自己說道：「那些日子對我來說美麗得讓人難忘。」可是，我卻可以把她給掐死。

「妳有讓人無法置信的天賦，摧毀自己的幸福和快樂簡直易如反掌。」

我有嗎？真的是這樣嗎？以前從來沒有一個人對我說過這種話。

「這讓我覺得沒有一個人能帶給妳所想要的，無論得到什麼東西都不會合妳的意，好像都不是妳想要的，也好像終究會失去什麼似的。」

我想她大概是要說：「我永遠也滿足不了妳，在妳眼中，我永遠都不夠，也始終有缺陷。」

「夠啦，」我說道：「別說了！」我忽然發現自己的話中好像出現了什麼不好的兆頭，於是心中一懍。她已經把她自己獻給了我，沒錯！她關閉了外面的世界，只和我親密的活在兩人世界中，可是，我卻覺得自己被剝奪了，被欺騙了，被玩弄了，被耍了。

因此我必須握住什麼東西，把它緊緊握在手裡，甚至用雙臂緊緊抓住，塞進自己身體裡，好讓我不致於在敏銳而細緻的官能享受中慘遭滅頂。一時之間那種感覺實在無法說清楚，只是覺得自己可以為所欲為，做任何暴虐的事出來。

「不要！」她邊說邊跨過桌子向我靠過來，同時輕觸我的肩頭，「別弄得這麼用力，我的意思不是這樣的。」聲音中又哄又騙的，似乎在撫慰著我，好像她自始至終都很明白我想要毀了她，對其中的危險也了然於胸，並急著想把我從這危機邊緣給拉回來。

我調整了一下呼吸，曖昧地笑了笑。

「妳比我所見過的任何男人都還要壞！」她這麼嬌嗔道，但是我敢打賭，她一定是說著玩的。

「我只是個男孩子而已，對這種事沒什麼經驗，不常接觸像妳這麼漂亮的女人，也沒欺負過像妳這麼漂亮的女人。」

「妳好奇怪哦！」她注視著我，似乎陷入了沈思，「偏偏我又這麼信任妳。」

可是我卻似乎很能取悅她，只見她伸出雙手，「到這兒來，」話中可以清楚的聽出

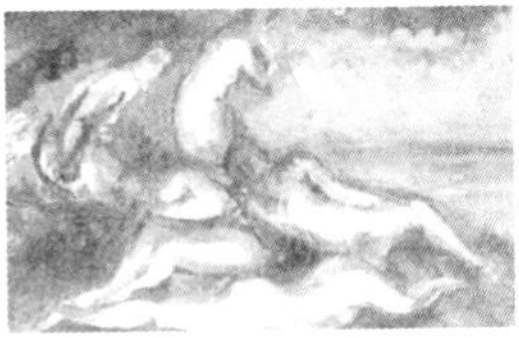

她已原諒了我，「說說看，我怎麼讓妳受苦受難了？到這兒來，告訴我！」

又有一個下午，我們並肩坐在一株栗子樹下，不知不覺中她倚在我肩頭上沈沈睡去。突然間我好想俯身吻她，就像男孩子想要吻一個與他這麼貼近的女孩一樣，是那麼地虔誠和害羞。我可以輕輕地吻著她而不至於驚醒她，自然也不會讓她知道我在幹嘛。我想這麼做會讓我在午夜時分對她做愛的告白，而且這種感覺還蠻不錯的。當我靠過去吻她時，還可以從她吐氣如蘭的呼吸中聞到乾杏味，那是我們剛剛才吃過的。

22 站在十字路口

一天早上我正在煮咖啡，電話突然響了。正在樓上沐浴的她立刻接起了電話，雖然我繼續煮著咖啡，但心中疑惑叢生，為什麼她會如此迅速地接起電話，這幾天每當電話鈴響時，我倆不都是假裝沒聽見嗎？為什麼現在她又……？算算看我們到底過了幾天這種遺世獨立的日子？三天？四天？還是更多？疑惑中我倒了兩杯咖啡，端到有法式門窗的那個房間，坐下來等她。

不久，哈達瑪披著和服走了進來，頭髮濕濕的，光著腳，手裡捧著電話，後面拖了根長長的電話線。

「妳是個編輯吧？」她把電話放在肩上，然後從黑色的花瓶裡抽出一束枯死的花。

「或許是吧……我想我該算是個編輯。」

她不斷地向我耳提面命，如果真的要離開馬克斯，就該當個上班族，找份能拿薪水

的工作。說這些話時，她的確鼓起了極大的勇氣，眼睛盯著我，只要我打算提出辯解或答覆，她就會把手指頭放在我唇上，讓我閉嘴。總而言之，她也找不到任何一個我不必離開馬克斯的理由，但卻認為如果我想離開馬克斯，就得外出工作。

「我知道有人想找位編輯，我不認識這個人，她只是我朋友的朋友，如果妳想去談談的話，我想她一定會很樂意。」

說這話的同時她始終把話筒靠著下巴，我聳聳肩，誰會在乎這些呢？艾蒂絲姑姑最近才把我介紹給某位劇作家唯一活著的女兒，這名劇作家過去在維也納曾小有名氣，至少不輸和他同時代的希尼茲勒（Schnitzler）。不過，他的詩作卻從來沒被翻譯成英文，因此他女兒把這份任務交給了我。哈達瑪和我花了好幾個小時，才總算把他寫給女兒的一首搖籃曲給譯妥。哈達瑪還為它做了潤飾，讓旋律簡單不少，而我也在裡面設了和弦，這麼一來我們之間就有了一首搖籃曲，如果需要哄對方入睡的話，就有歌曲可以唱了。

哈達瑪把電話交給了我，然後走進浴室，不過還沒洗完就好像又想起了什麼似的，不由分說的便伸手去拿電話。一定是她那顆心又蠢蠢欲動了，想要回到外面的花花世

界。我們才剛剛共度過一段甜蜜的時光，也許下了承諾，可是，她似乎全給忘了。不久，我就看到一個女人捧了一束死氣沈沈的花施施然而來，她就是那位求才若渴的女人，為了尋找一位編輯親自登門拜訪。她只是哈達瑪一位不太熟的朋友介紹的，並不認識哈達瑪，可是我和這女人卻有一面之緣，原來她就是三、四年前那次為老樹請命的抗議活動中，埋首在我肩頭上悲痛欲絕的女人——艾麗絲•葛拉漢，也是讓我頭一回變成男孩的女人。

看來得花一些時間才能讓這一切塵埃落定，並且讓大家沈澱下來，可是沒多久艾麗絲•葛拉漢就做了我的鄰居，看來艾蒂絲姑姑沒看走眼，這個女人果然就這麼悶聲不響的闖進了我們的生活當中。她住得離我很近，甚至比哈達瑪的家還近，就在東大路下面，再走幾英呎經過一座百花齊放的花園，一間隱身於林子裡的小屋子。我從家裡出來後，通常就是經過這條路，然後直奔哈達瑪家。

各種選擇，各種路子，各種轉折點，各個十字路口，就這樣倏忽而至，讓我好為難！不管是誰只要對這些關鍵時刻故意視而不見，鐵定居心不良，心術不正，再怎麼有幽默感也讓人不敢恭維，我想我們這些人大概正面臨到這種窘境。可是哈達瑪卻好像是

個局外人，並沒有因此而煩躁起來，在她急切的推著我走時，我開始猶豫了，不過最後還是同意她替我所做的約定，要在下個禮拜赴聖塔芭芭拉海邊參加一場女性研討會，順便會晤艾麗絲・葛拉漢。

妳是個編輯嗎？打算上班工作嗎？哈達瑪為什麼會決定回覆那通電話？在這種情況不明之際，妳會高高興興的赴約嗎？妳會同意和電話線那頭的女人會面嗎？

意志可以透過這個行動而彰顯它的自由嗎？還是等於向一個不斷刺激我、煽動我的人舉手投降，彷彿好幾輩子以來就一直在那兒枯等著，不斷地證明自己太嬌弱敏感，太光明正大，且太擔心自己欲望中野蠻而殘忍的那一面，會不小心被發現？我要讓這一刻就此靜悄悄的過去嗎？

還有，如果幾年後我還會這麼做嗎？

那妳呢？

23 我不想失去妳

我們即將要出發！沿著海岸開到聖塔芭芭拉，我們會向艾嘉的姪女借車子，會在贊助該場會議的那所大學裡找個房間小住。不過由於單人房已經被預訂一空，哈達瑪遂答應主辦單位和我同住一間。在她整理好一小袋自己的衣物後，也順便幫我把衣物重新打包，她認為我帶的牛仔褲實在太多了。

「妳難道連一件長裙或其他稱頭點的衣服都沒有嗎？還記得我們第一次碰面時，妳的穿著就十分與眾不同，讓人眼睛一亮，現在那些衣服呢？」

「它們都太大了，根本就不適合我穿！」

她以一副鑑賞家的眼光仔細打量我，「不會啊！」然後邊說邊搖頭，「妳看看妳自己，一直穿這些運動衣，留短髮，老愛秀出那身肌肉，妳一定不相信自己看起來有多年輕，所以……所以……搞不好她們還以為我要偷偷帶個男人到會場呢！」

「我喜歡自己這副模樣，也打算一輩子做這種打扮，這有什麼不對？」

我們會去聽幾場學術研討會，聆聽詩詞發表，參觀幾場藝術展覽，並探討當代女性間是否會再度出現什麼偉大的「女神」。我可以確信沒有人知道我已經變成了男孩，在哈達瑪嘲弄我或是和我開玩笑時，是很少會說出真心話的，即便說得煞有其事，也都不是肺腑之言，但是在一個女神以及欲望的世界裡，我又會有什麼樣的感受呢？我也曾經身為女人，這有關係嗎？或是說我會變得孤僻乖戾、表裡不一、虛偽狡詐？不管到世界上的任何地方去，只要與哈達瑪攜手同行，對我來說都會非常有意義。可是哈達瑪卻會就此成為一個離群索居、孤陋寡聞的人，再也得不到其他方面的訊息了——不會一個人獨自在門多西諾度週末，也不會皮包一拎就出門旅遊。如果我們相偕外出，目的地就必須是有教育意義的地方，而行程更一定要有嚴肅的主題，並且我們準備過的新生活有關。她有滿肚子的計畫，興奮無比地研讀著傑娜西克（Janacek）的著作，想要對波希米亞的民謠做更深入的了解，並且認為同一性質的女性音樂中——如搖籃曲、幹活、遊戲或娛樂時所唱的歌——一定有許多尚未被發現的珍貴資產，可惜隨著上一輩女性的老成凋謝，它們也會逐漸失去光彩、散佚不見，以後再也不會有人把這些傳承給下一代。哈

達瑪想找些音樂家、舞者以及研究人員，共同組成一個女性劇團，成員應該包括各種年齡層的女性，不管是專家或是業餘人士，都一律歡迎。在填詞方面，我會義不容辭出馬擔綱，而她則是計畫負責人，至於女低音的部份當然由她挑大樑。

我們開著車子經過公園直達海邊，在那兒我們可以暫時拋開一切，靜靜地在海灘上走走。這兩天我們都沒什麼休息，也都有些緊張，因為明天我們就要離開這兒了，除非，她再度改變心意。

到了那兒我們卻沒有下車，只是停在兩個快車道之間的分隔島上。此時天色已開始變暗，這次基於某些原因由哈達瑪開車，不過她卻有些緊張，把方向盤握得緊緊的，忽然一輛車沿著海邊疾駛而過，在夕陽的餘暉中，只見一個黑影自她肩後出現，並在不知不覺中悄悄移動著，先是越過後座，然後消失不見。在黑暗中她把頭一揚，除了一片愁雲慘霧和悶悶不樂外，退縮不前和舉棋不定也都寫在臉上。

沈默往往最容易讓人緊張，也較會引起敵意，又有一輛車從身邊疾駛而過，快得連我們的車都為之晃動。在飛逝而過的車燈照射下，只見她眼睛一亮，神情中的專注，讓臉上激動的表情都無法掩飾。「我們再談談嘛，」她說著：「現在什麼都還沒決定好，

如果有必要的話我們可以談個通宵。」在一片靜寂中，她的背影再度出現，同時在過往的車子來回穿梭下，背影忽起忽落、忽上忽下。「我不知道妳在想什麼，告訴我妳到底在想什麼，妳什麼話都不說，真叫人受不了。」

我仔細盯著她的嘴，聽到它冷酷無情地從嘴裡說出的話，在過往車子的怒吼聲之中，她的兩張臉孔再度清晰第一起湧現在她身上，其中一張有副威嚴的前額和一隻善於表達的眸子，看起來很有教養，讓人如沐春風，而且正急切地從另一張被寵壞、充滿怨恨與淒苦表情的臉孔中分隔開來。而在過去，我從來沒有注意到後面的那張臉。

「妳想開口說些什麼話嗎？還是打算一整晚就這麼一言不發的枯坐在這兒？如果那件事對妳意義重大，我可以陪妳一起去。」

「還需要我再提醒妳一次嗎？這次是妳希望我去的，完全是妳自己的選擇，我從來沒對這件事做過什麼決定，妳看看，自己一頭熱。」我粗暴無禮地回嘴道：「我怎麼會想跟妳去開什麼大頭會議？」

在微光乍現中可以看得出她滿臉的疲憊，眼神中充滿著無盡的哀傷，急促的呼吸聲中，一時之間很難平息。

「妳的每件事都是那麼的戲劇化，」如今她的口吻也失去了耐性，「連開四個小時的車來到海邊，卻在這時開始躑躅不前，如果妳想要再回到那個蠻荒世界裡去，其他人怎麼可能會陪妳一起走完這趟旅程？如果這次沒什麼重要的事，而只是去海邊度個長假的話，那我去不去又有什麼關係？妳要有事儘管走，儘管回去蒐集妳的那些故事，不過我要去參加那場會議，這心意是不會改變的。」

「這一切難道都是我的安排？如果只是開四個小時的車來到這兒，明天就打道回府的話，那妳還需要改變什麼心意？妳蔑視我的工作和我的那片蠻荒世界，可是任何眼睛不瞎的人都可以看出來，那是因為妳心裡充滿了畏懼。」

剎那間一股緊張的氣氛瀰漫在整個車子裡，不斷地衝擊著我，不過在它無法越窗而出後就逐漸消逝。這時我們的車又是一陣劇烈的晃動，一輛卡車從我們的後方急駛而過，帶來短暫的明亮，只不過曇花一現，瞬間又恢復了黑暗。

「我心裡充滿了畏懼？沒錯，我是很害怕，對這一切我還沒做好準備，起碼現在還沒準備好。」

「突然之間妳又沒做好準備啦？」

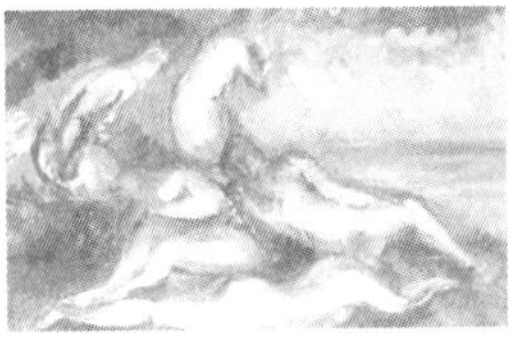

「好！好！我想我會做好準備的，不過現在還沒有，明天也還不會。」

「但以後妳真的會準備好嗎？是一年後，還是兩年後？現在除了坐在那兒枯等，期盼有朝一日我們一起駕車去海邊之外，妳還做了什麼具體的行動？」

「我無法承諾我自己，」她刺耳而淒冷的聲音畫破了四周沈悶的氣氛，「我不會許下什麼承諾的，話就說到這裡，如果妳準備單飛的話，悉聽尊便。」

我凝視著車窗外的世界，看來和她一刀兩斷，扭頭就走，以及寧可失去她也不願喪失自我的這些男子漢作風，日後會讓我習以為常。但這時，她的雙手輕輕地放在我肩上，但我卻猛然推開她，立刻打開車門，就這樣在寒風凜烈又嗖嗖作響的夜色中，一個人佇立在狹窄的分隔島上，任由兩邊快車道上呼嘯而過的車子來回穿梭著。我可以穿過公園走路回去，也可以搭別人的便車，可是，她卻在這個時候跟了上來，站在我身旁，面對著我，並緊緊地向我靠近。我們之間是那麼地貼近，只要我伸出手臂，就可以把她抱在懷裡。於是，我伸出了雙臂，將她緊緊擁住。

「我不想失去妳！」她的口吻已不像在爭執，「沒有妳我也沒辦法走下去。」

「我明白！我明白！」我輕輕地在她耳邊說著，看來我這位吉普賽大情人是無法說

服他的女人留下絲質襪子和綠皮鞋了。

「我不想失去妳！」她又再說了一遍，低低的聲音讓人不忍放開手遽然離去，甚至想要不計任何代價永遠守著她。

「我了解，我相信妳，妳並不想失去我。」

「我沒辦法再走下去了，我不能……我不能陪妳去了！」

看來馬克斯說得沒錯，除了此刻我雙臂緊擁著她之外，其他的都被他料中了。艾蒂絲也講得很對，大部份的人都不會選擇這種極端的生活，不會投身於新的生活型態或展開新生活，當然也不會隨便參與冒險之旅。可是她現在所走的路卻難以想像，而且還一直對我戀戀難捨，就好像只有我才能帶給她安全感似的。我得把她給藏起來，好好的保護她，避免碰到我在心中虛構出來的那些危險境地。此時她的秀髮已濕成一片，可是依然沒有想放我走的跡象，撲面而來的勁風有股鹹鹹的味道，就這樣我們瑟縮著身子，緊緊相擁地回到車子裡。這時我們才發現兩人穿得都很單薄，因為今天從柏克萊出發時，還是朗朗晴空，誰也不會料到這兒的氣候已急遽改變，老天爺翻臉如翻書般，天氣說變就變了。

24 雌雄同體

在會議進行期間，我簡直是滿場奔波，只要一聽到不錯的會議內容，而且覺得哈達瑪應該也會有興趣知道的話，便從課堂上三步併作兩步地衝到樓上宿舍的電話邊。我知道她很想聽聽當代女性的心聲，其實這些人不屬於任何組織，也不熱衷於什麼婦女解放運動之類的活動，這些互不相識的人遍及全國，而且大多過著貧寒而低賤的生活。

過去十幾年來，這些婦女給人的印象似乎都是一成不變的：有著臃腫癡肥的肚子與下垂的胸部，臉上始終掛著謎樣般難解的微笑，不知是代表錯愕、狼狽，抑或是寬容。不過在與會畫家眼中，女神的形象也是從這兒被塑造出來的，有時，這些畫家會拿出她們的作品，比方說破土而出的植物根莖，或是諸女神等。

研討會一結束我就立刻打電話給哈達瑪，告訴她這些事情，同時告訴她可以積極地在這個新浮現的世界裡闖闖，好好做番籌劃，把事情理出個頭緒，並且找到適合自己參

與，且帶有創新精神的新道路。

有些與會的女人穿著長長的衣裙或禮服，留著長長的秀髮，渾身珠光寶氣的，聞起來都有麝香和薄荷的味道，只要身子一動，就會飄起一陣香氣，身上戴的首飾也會發出悅耳的聲響。當然，也有些女人留著短髮，露出肌肉結實的雙腿，一身的陽剛味兒，只是永遠不知道她們是否已經蛻變為男兒身，也不知道她們是否天生就是這麼雄糾糾、氣昂昂的，或是以比我更沈穩的步調，慢慢轉變成今天的模樣？

我開始在哈達瑪的電話答錄機上留言，只可惜到了三分鐘電話自動切斷後，我還是無法暢所欲言，於是再撥了第二通電話，就這樣連續撥了三通才結束這場電話傳情。有時，才掛上電話卻又按耐不住地坐下來寫信給她，雖然我知道在這封信抵達之前，我可能已經回到家了，但還是振筆疾書起來。

我還聽了場有關聖母瑪莉亞的學術研討會，主講的那位歷史學家根據許多事跡的脈絡和假設，最後指出聖母瑪莉亞是古代基督教諸女性神祇中，碩果僅存的一位。雖然我對這些沒什麼興趣，但哈達瑪一定會興味盎然，所以在信中我原原本本地把這些都交待清楚，到最後這封信看起來倒像是一篇冗長的周末假期記錄，甚至是一篇日記，內容都

是一些學術性的東西，以及我自己的瘋狂計畫，和對我們之間友誼的一些省思和洞察。透過這封信，我抒發出自己的感受，並聲稱同樣的歷史力量如今又在一般的女性身上顯現。這股代表我們整個文化和歷史的力量，揭露了一個可怕的現象，那就是女性主義，以及它的雌雄同體性、它的情欲、它的性愛、那些充滿魅力的女祭司，以及「雌雄同體的男人婆」等等，都已經不存在了。不過，繁殖力驚人的女神、她們那種破繭而出的勇氣、女性力量乍現所帶來的欣喜、那種「你泥中有我，我泥中有你」的一體感，以及其心境的轉變等，都將牽引著哈達瑪和我。

接下來的幾天，我開始感到無聊，只好在會場附近來回走走，記記筆記，或是與鄰座的女士們聊聊天。我常在想，如果哈達瑪改變心意和我一同來參加的話，我就會留下更多且更詳盡的資料。另外，我也留了個電話號碼給哈達瑪，在六點吃晚餐之前，她都可以找到我。不久，我也成了大家取笑的對象，因為有幾個女人都猜到我已經陷入熱戀，整天只想和愛人情話綿綿，並且迫不急待地想要她現身。我想如果她們發現我和哈達瑪只是「靈交」，而在情欲之路上還相隔遙遠的話，一定會大吃一驚。

有的講師還在課堂上表示，中世紀裡那些被當成女巫活活燒死的女人，其實在舊石

器時代和新石器時代，都是女家長制下的開業醫生。換言之，她們一直都扮演接生婆、女智者、草藥師父以及治療師父的角色，不過後來這一切都毀於她們自己之手。經講師這麼一說，課堂上立刻鴉雀無聲，氣氛也突然地嚴肅起來，台下許多女人開始擠成一團，有的開始飲泣。坦承女性遭受到這種迫害，反而讓與會的每個人開始相知相惜，並且更加親密地彼此交流起來。

講師們也談到了古代神話中那些女神的「母子戀」，這些對大多數人來說陌生得很，不過我卻對這些繁殖力驚人，陷入不倫姦情的情侶十分了解。哈達瑪和我曾經拜讀過「金樹枝」（Golden Bough）這部書。在作家費雪（Fraser）筆下，偉大的母神（Mother Goddes）已成了大自然生產力量的人格化象徵，拜倒在她石榴裙下的永遠不乏年輕的帥哥，這些英雄最後雖難免一死，但都充滿了神性，年復一年地幫助她繁殖動植物。這個故事由年長且莊嚴神聖的女性，以及能幹又熱情洋溢的年輕小伙子擔綱，我對它充滿了興趣，可是，卻一點也不明白這和兩個女人間的情欲有何關係，或是會和我自己扯上多少關係。

許多女性都對這些神話故事抱持質疑和反對的立場，認為它們代表著家長制，已入

侵到早期女性之間那種親密且排他的關係當中，有些甚至離席抗議，只留下少數人繼續探討是否有必要容忍異己，或是包容彼此歧異的觀點。然而我們都了解到，這些古老傳說中被「老牛」啃的「嫩草」，同時也代表少女，因此對這些完美的雌雄同體人物，我都十分羨慕，也覺得受到了鼓舞，我好想收回自己過去被迫變成的那個純潔而柔弱的少女，變成一個具有男子氣慨的完美男人。

根據壁畫和瓶飾上的圖畫顯示，古代克里特島上的男孩子都有著寬闊的肩膀、小小的臀部，和一頭又長又濃且呈螺旋狀的捲髮，和克里特島的女孩相比，真有雌雄莫辨之感。後來我們得知那些女孩子成了儀式中的祭品，比方說她們會與公牛共舞，並且雄糾糾氣昂昂地躍上牛背，這種敬神酬神時所進行的競技活動充滿了男子氣慨，也代表對神獻上最至高無上的尊敬時，我不禁想到，如果自己身在古代的克里特，也會擁有這種特質嗎？這種無憂無慮又灼熱的雌雄同體性，會那麼輕易地在兩性之間來回穿梭嗎？

在討論進行時有些女學員會好奇地凝望著我，我猜想其中有些是在打量我，摸我的底，有些則是在向我放電，甚至還有的隔著好幾張長桌子向我遞紙條，邀我去她們的房間裡聊聊。不過令人好奇的是，為什麼她們會挑上我呢？

當時還有其他的男孩在場嗎？顯然她們並不是因為我蓄著短髮，和有一雙肌肉結實的大腿，才對我產生好奇。其實，渾身飾物叮噹作響、有吸引力，以及渾身散發誘人香氣的女人們，也是可以假扮成男孩子的。這方面你根本沒辦法用外貌來判斷，甚至無法由對方的表白來加以辨別。當然，也有些男孩子根本就不知道自己是男孩，他們裝模作樣地活在一個小心謹慎、渾身香氣四溢，並且嬌弱無力的女性世界中，不知道自己真正的命運，其實是建立在甘冒風險的能力上，能夠毫不遲疑地去追尋自我，找到改變現實的能力。

凝望著我的那些女人是否意識到這些？她們是否會引起我的興趣？在本週結束時是否會在瞞著哈達瑪的情況下，和她們其中一位發展出某種關係？而我這個曾自我改造的女人，如今是否能夠承擔這些？

我的肉體是有能力的，所以我向那個皮膚黝黑、掛著串銀色蛇形項鍊的女人回望了一眼，這不正說明了我是可以以歷險為名，而行背叛之實的嗎？如果許久以來我就一直是個眼高於頂，而且在情欲世界中都是以自我為中心的年輕小伙子，那麼在那個黑皮膚女人最後的回眸一笑，就看不出有任何理由要讓我把目光移開，或是提醒自己一定要寫

封信告訴哈達瑪這件事。

最後我還是抓起了筆記本，扶在案頭把那件事原原本本地寫了下來，就在放下筆之前，我在那個女人的凝望中看到了自己，彷彿我剛踱到一面鏡子前，看見自己懶洋洋地躺在位子上，雙腿伸向走道，雙膝分得很開，腦袋也向後仰，一副鑑賞周遭景物的樣子；另一方面，我也見到自己的高傲和偏見，彷彿自己一直就是這副調調兒。至於我這姿勢也好像是在向對方說：我就在這兒，來嘛！我是值得妳這麼深情注目的。

我變得多麼地流里流氣、放蕩不羈呀！是一個多麼荒唐可笑的無賴啊！而且，又是多麼地自愛自憐啊！

在一陣討論過後我終於遇見了艾麗絲・葛拉漢，這個會議就是由她主辦的，而且開幕儀式也由她致辭。在這場會議中唯一能讓與會人士四分五裂的議題，就是女神的「母子戀」。在這方面她倒十分好奇地想要了解我的想法，不過就在我們討論的同時，卻有另外兩三位女士也來參一腳，我覺得有了她們的加入，這個議題就不再那麼地硬梆梆了，尤其當我提到其他雌雄同體的女性力量時，更是如此。就這樣我提到了艾蒂蜜絲女神（譯註：希臘神話中司月、狩獵、森林以及野獸的女神）手下的半人半神美少女們，這些

與她一起狩獵，並與她的獵犬一同奔跑的美少女們都是處女，有著肌肉發達的大腿，其英勇無敵的力量超越所有的山川。當談到這些野性難馴的少女們所擁有的一身美肌，以及克里特島男孩們那頭纖細動人的長長捲髮時，我愈發地雄辯滔滔，而且言辭也愈來愈扣人心弦。

不過其中有個女人指出，我誤解了處女這個字的真正意義，其實它和女性性愛的不成熟，一點關係也沒有，只表示女人可以在沒有男人的情況下完整地體現自我。

另外也有人向我們提到了被戴奧尼修斯（譯註：希臘神話中的酒神）強暴的野女孩奧拉，我原本希望能避開這個例子，不過大家卻對此討論熱烈，簡直欲罷不能。最後竟形成了一個新的論點，那就是女孩子不管是多麼地孔武有力，到最後都能被天神們輕易地強暴得逞。另外還有更了解這些神話的與會人員，想起了阿波羅掠奪男孩瑪斯亞斯的故事，不過我們雖然認為這故事很可怕，但卻不能視之為強暴。

在那晚夜深人靜後，我又和其他的與會學員一同跑到市郊的一間酒吧跳舞。由於我沒帶舞伴，所以一些男士遂上前來搭訕，並要求我和他們共舞。我沒拒絕，只是這麼做讓我和其他女學員有了距離，覺得我好像做了什麼有辱門風的事，甚至有人直言我白天

還高談什麼雌雄同體，但現在我這個雌雄同體的理想人物，卻搬了石頭砸自己的腳。

會議進行時有些女人很顯然地把我當成了男孩子，不過來到舞池裡，那些男人卻把我當成了女人。當那些女人凝視著我時，可以看出來我雄壯威武的男人氣概是她們欲望的目標，而我自己也期盼著能打鐵趁熱，讓一些美事就此展開，別蹉跎了大好機會。至於那些男人之所以會盯著我瞧，就是因為我一再向他們放電，暗示他們我是「可以弄到手」的。

那種凝視似乎有雷霆萬鈞之勢，其威力足可超越自我。我可以向男人的入侵行為投射出男孩的挑戰心態，或是向對方的暗示展開雙臂迎上去，並且在當時可能發生的各種性愛方式，隨意但膽怯地在之間來回擺盪。但是當我轉過身去，要求另一個女人與我共舞後，雙方也能立刻緊緊地黏在一起，彼此都視對方為可遇而不可求的舞伴，於是乎她的雙手自然地落在我的肩膀上，而我的手也順勢攬住她的臀部。我向前探一步，她也立刻趨前加以回應，並在我退卻之前，傾身過來抵住我的身體，並且隨著我的引導任由我擺佈。

我是可以擁有這個女人的，我可以帶她回我房間——本來是哈達瑪應該待在那兒的

——我可以一整夜與她同床共枕，在她覺得昏昏欲睡時叫醒她，因為，欲望與需求的權力是我的。尚在猶豫不定的是那股濃情密意，已接受的是那股陰暗潮濕——就因為我是予取予求的，所以她會提供我所需的一切。我這雙清純、暗中摸索，以及正值青春期的手，會逐步接近她，最後亦會落在她的雙峰之上。我是個男孩，可以得到我所要的，因為，我願意把自己想要的愉悅帶給她，除此之外再也找不到任何理由了。很明顯的是當音樂停止後，她把身子向我傾來，可是並沒有與我真正的接觸，因為，我們雙方都明白，第一次接觸必須由我這兒「發動」。

我還不知道她姓啥名啥，因此她始終期待著我開口問她的芳名，可是我卻一直沒問。我們倆當時正在點唱機後面的暗處，而其他女人則一起在前面跳舞，如果此時我吻了她，或者遞給了她一支煙，如果在她伸出手時趁勢握住了她的，那我的人生會有新的突破和開始嗎？

當音樂聲再度響起時，我有些恍惚，不知道究竟發生了什麼事，也沒要求她再度共舞，只是盯著另一個走進酒吧的女人猛瞧，想要把她捕捉在自己的視線內。這時我感覺到自己有種無以名狀的力量，好像是股無垠無際，以及可以踰越所有規範的潛能，那種

感覺令人目眩神迷。此時我正置身煙霧嬝繞的暗處，點唱機裡正播放著五十多首甜美的歌曲，四周也瀰漫著啤酒和鋸木屑的味道，以及那女人身上所散發的薔薇香。之前的那個女人正打算捕捉我眸子裡所流露出的訊息，看來她的欲望尚未得到滿足，如果我就此打退堂鼓，相信她也不會轉身走開的，即使音樂聲再度響起後我仍站著不動，她也不會撇下我（因為我對這一切尚是個新手，而且是為了哈達瑪才這麼做）。這時，她更進一步地向我靠過來，把一支煙放在我的嘴裡，然後就把頭輕倚在我肩上，看來是因為她覺得這麼做可以讓我更需要她。她想得沒錯，此刻我感覺到她高聳的胸膛正抵住我的肩頭，頓時讓我覺得世上除了眼前這個女人之外，再也不需要其他東西了。只見她頸子上佩了個小斧頭項鍊，纖腰上纏著一條手工打造但卻糾結紛亂的繩線，使得那件白色的長袖衣服腫脹了些，露出緊緊貼住我的豐滿臀部，進而讓我感覺到她那股需索殷切及勢不可擋的衝動，看來已別無東西可以壓抑住它了。

「已經很晚了，」我知道是為了哈達瑪才這麼說的，「明天一早還有課要上呢！妳住在哪兒？還會再碰到妳嗎？」

顯然這是有俠義作風的「騎士」們，該對女士們說的話，只不過這卻讓她難掩失望

的神色。在我送她上車時，還可以看到她不時回首，用好奇、幽鬱、又充滿嘲弄的眼神望著我。

第二天在課堂上我又遇到她，不過那時已接近黃昏了。當時大部份的女學員都圍成了個大圈圈，並一起狂歌勁舞，有些女人扯開嗓門大叫，也有少數女人撕開了她們的襯衫，一面跳舞一面得意洋洋的裸露出自己的豐胸。這時在酒吧裡曾和我「耳鬢廝磨」過的那個女人，也挺著裸胸蹦蹦跳跳地向我走來，於是，我加入了這群瘋子的行列，並順勢攬起她的纖纖玉手，而她也把我給推進大圓圈裡。就在這個時候，我突然發現自己正站在艾麗絲・葛拉漢的旁邊。

「妳動作太快了，」她大叫道，聲音壓倒了旁人的吼聲和音樂聲，「妳已經征服了她，」她邊說邊向我另一側的那個女人點點頭，「可是我覺得妳現在又在跟我眉來眼去的。」

這可愛的艾麗絲並不知道，當我發現這些女人竟是這麼容易「上」的時候，心中的震驚實非筆墨所能形容，即使當時她已經很了解我了，可是卻似乎永遠都不明白這點。

在這場充滿性愛和色欲的遊戲中，她們是那麼地冷漠和事不關己，只是挺著碩大、赤裸

以及成熟得可以摘採的乳房，不斷跳躍著。

「嗨！甜心！」艾麗絲這時舞到我跟前，然後一把抓住那女人的手肘，並對著我說道：「是我先看到她的，也是我邀她共舞的，如果她想要和別人一起度過漫漫長夜，那人也絕對是我！」

真搞不懂她們為什麼開起玩笑來，也是那麼地嚴肅和認真，我想整個情況大概會朝著我所希望的方向邁進，我可能擁有這兩個女人中的一個，也可能來個一箭雙鵰。因為，我已經穿越重重障礙，進入一個不會尊重傳統禁忌的世界中，不過，我卻急欲遠遁。於是艾麗絲陪著我走到我的車子邊，並傾身向我吻別，此後我們倆就像斷了線的風箏一樣，一直沒有聯繫，直到後來在柏克萊的一間婦女收容所裡面，雙方才算再度聚首。我有很多話要對哈達瑪傾吐，大概由於要說的話太多了吧，等到真的見了面，反而有些欲言又止。我知道在和她重逢之前，自己是無法入睡的，因此最後的三個晚上，我在床上翻來覆去，輾轉難眠，最後只好起床給她寫信，因為現在我已經在這些女人身上，找到了新的人生方向。

25 我的女人和他

當我回到家時，哈達瑪也急著要告訴我一些事，只不過那些消息我已經搶先一步從艾蒂絲姑姑那兒聽說了。當時艾蒂絲早就在花園裡等著我了，她等著要告訴我這個天大的消息：哈達瑪已經見到了馬克斯。

「哈達瑪？」

她還會背著我跑到其他地方去嗎？這時，我從台階上跌落下來，在搖搖晃晃中伸出手來，勉強撐住了自己，不過一陣踉蹌中又滑倒了。

「馬克斯？」

我的一顆心也隨著身子跌倒而一再下沈，可是這些我都不管，只想要一探究竟。我知道哈達瑪和馬克斯，這兩個名字我應該十分熟悉才對。

艾蒂絲姑姑這時一把攬住了我的肩頭，我才注意到自己的身子正不住地搖晃，是一

陣天旋地轉嗎？可是我是男孩子耶，我大聲抗議道，男孩子是不會被什麼撼動的，即使身子倒了下去也不會，而且男孩子就算要哭泣，也會找個沒人的地方，所以，我不是在哭。更何況男孩子在感到傷痛之前會先怒髮衝冠，於是我左手握拳，可以想像得到復仇所帶來的那種冷酷歡愉，這是生平第一次可以想像得到的。

「哈達瑪和馬克斯？」我若有所思的說道，同時也鎮定了不少，「這是什麼時候的事？有多久了？是從我離開的時候才開始連絡的？還是從他搬出去後就開始了？或者是在我離開之前就暗通款曲了？」

儘管我鎮定了不少，可是這一連串的問題仍如連珠炮般地炸了開來，而且聲音尖銳刺耳，近乎嘶啞。或許我說話一向就是這副調調！我死命掙開艾蒂絲的擁抱，大踏步地奔向花園，然後舉手握住一棵老棕櫚樹的枝椏，將它硬生生地折斷。

「這是什麼時候的事？有多久了？是從我離開時才開始的？還是從他搬出去之後就開始了？或者是在我離開之前就暗通款曲？」雖然我只是一再重複相同的問話，但這次終於真的冷靜下來了。不過，我注意到自己的聲音依舊很高亢，手上也一直握著那根剛才猛然折斷的棕櫚樹枝。我很清楚哈達瑪和馬克斯這兩個名字所代表的意義，那是兩個

背叛我的人。

「我活了八十多年啦，」艾蒂絲一邊說，一邊瞧著一隻棲息在躺椅扶手上的白色毛毛蟲，「而蝴蝶的生命卻只有幾天而已，可是即使牠們的人生這麼短暫，也需要比我們人類更多的智慧，才能使短暫的人生化為永恆。」

我覺得自己應該會當場愣住，然後使四周陷入一片靜默。可是我並沒這樣，反而突然拔足狂奔起來。

「哈達瑪和馬克斯！」我痛苦地嘶吼著，彷彿這兩個名字已經燙得無法停留在我雙唇間。「哈達瑪和馬克斯！」我一再重複，並且做好了準備，要讓自己產生遭到蹂躪，心情悽苦無比的感覺。可是，那種感覺卻始終沒來，「那種事絕不會發生在我身上的，可是卻發生了，就如同被詛咒一般。」

「鬼扯！」艾蒂絲雙臂交叉在胸前，「他們已經互相擁有了對方，並取代了妳，這樣比較好，也沒那麼危險，只是持續不了多久的，不過那又能怎樣？」

她說得沒錯，我和他只維持了三個月，然後馬克斯就生厭了。我覺得他是趁機帶走這個我想要的女人，向我報復，可是，他卻永遠都無法真正了解這個我所深愛的女人，也不知道日後是否會對她生厭。不管他多麼得意，到頭來一定是一場空，什麼都沒得到。表面上他和我似乎都愛上同一個女人，可是事實卻不然，他絕不可能像我那樣了解哈達瑪。不過這也難怪，只要是生為男兒身的，都不可能像我一樣了解她。

我把這些告訴了艾蒂絲姑姑。

「有誰能了解哈達瑪？」她挖苦地回嘴：「連她都不了解她自己！」

「但是我不會因此而沮喪的。我真的不會沮喪嗎？我應該會有慘遭背叛和崩潰的感覺，可是我有嗎？這次回來有這麼多這麼多的事要告訴她，而且這些事已經對我們產生了新的希望，我帶著這新希望回到家裡，可是就在一瞬間，一切都離我遠去了。我突然有一種置身事外的感覺，就好像這是許久以前發生在其他人身上的事一樣，在我看來，她已經變了，不再是上禮拜四還一直催著我去聖塔芭芭拉的那個女人了，妳知道這話是什麼意思嗎？我已經不在乎了，已經解脫了，反正怎麼樣都沒關係，什麼都不重要了，這……這怎麼可能？但是，一切看來真的都已經不重要了。」

艾蒂絲姑姑輕輕地搖了搖頭，嘆息道：「唉！這種事遲早都會發生的，不過，妳會熬過去的！」

「這消息太突然了，真讓我覺得晴天霹靂，如墜五里霧中，真的！這整件事帶給我很大的打擊，讓我不知所措，都怪我渾渾噩噩，事先沒料想到。我雖然了解他們，但他們了解彼此嗎？他們都談些什麼呢？他們又該如何向我交待？」

「我想他們絕大部份的時間都在談妳吧！」

此刻我和艾蒂絲姑姑頭靠著頭，一起望向遠方的海灣，那兒的霧已漸漸散去，留下萬里無雲的碧藍天空。我把每樣東西都看得太仔細、太深入，也太準確無誤了，而這也意味著困擾會跟著降臨。「這似乎是好久好久以前發生的事，」我不斷重複道：「但我認為這一切還有別的含意，像哈達瑪……她應該是屬於我的，只有跟著我，她的人生才有意義，而且，也只有和我在一起，她才能對這一切有所體認！」

「妳現在發現哈達瑪其實只是妳的一個藉口而已了？」

「藉口？哈達瑪只是我的一個藉口？是為了要掩飾什麼事？」

這名老婦用手指抵住了我的雙唇，「妳早就已經知道了，為什麼還明知故問？」

「她只是我的一個藉口……？」我實在不知道艾蒂絲葫蘆裡賣的是什麼藥，「妳覺得我並沒有愛上她？」

「當然愛囉！」她的口氣好像是在談一個離開很久，而且一路走來早已精疲力盡的同伴。

「什麼？那妳打算對我說什麼？我實在搞不懂妳葫蘆裡賣的是什麼藥！」

難道我是為了馬克斯才對哈達瑪大獻殷勤？我為他找另外一個女人是想要拯救我自己在這場婚姻裡岌岌可危的處境？是因為我把哈達瑪留給了他，所以自己才能離他而去？因為我是個絕望的女人，才把哈達瑪留下來取代我的位子？我在禮拜四走的時候，就已經知道會發生什麼事，而且全都是我自己一手導演的嗎？但如果這是我精心策畫、故意要讓他一步步陷進來的戲碼，那為什麼日後的演出卻走了樣，和我當初的預期完全不同？

艾蒂絲姑姑點點頭，「他會走上前去，把哈達瑪從她自己手上給救出來，就像過去他拯救妳一樣。妳或許也會把她拯救出來，以免她愈陷愈深，但這又能說給誰聽呢？哈達瑪在許久許久之前就已經做了決定，或許就像妳所說的一樣，這些決定其實是在好幾代以前就做好了，或許如此……，或許……」

她轉身面對著我，動作看起來甚至有些粗魯、傲慢，她用兩手托住我的臉，硬是把

它給抬起來，然後粗魯地凝視著我的眸子，並再度搖頭，「這一切是誰帶來的？是妳嗎？妳贊同這種生活型態嗎？這種生活已經重複了好幾代嗎？我已經行將就木，本來不該再拿這些問題來打擾妳，可是，我了解這些。妳已經心想事成了，可是，妳真的希望哈達瑪過這種新人生嗎？真的希望把她帶在自己身邊？現在可好，她不會來了，但這又有什麼關係？妳不需要任何人照顧，也會承擔起一切的風險，所以情況還好。如果這些事是因哈達瑪而起，如果是她把妳帶到這種境地的話，那才可以稱之為愛，不是這樣嗎？」

「要是我不了解妳的話，一定會認為妳是位憤世嫉俗的老太婆，而且絕非善類。」

「說我不是善類那的確是實話，可是我憤世嫉俗嗎？為什麼會讓妳這麼心神不寧？」

「要不是妳，我就一切心想事成了！」

「或許還會愛上其他人吧？」

「當然會愛上囉！」我模仿她的語氣說道，不過，她並沒有笑出來，「在我的人生中每個愛的抉擇都有不同的意義，不過每次都如狂風暴雨般突如其來，並且總是先緊緊攫住我，然後用力把我給狠狠摔下來。在很久以前，我就認清這個事實了……」

聽到這話，艾蒂絲笑了，「真正沉浸在愛河裡的人並不會學到愛的本質，不過每個對愛死了心、對愛厭倦，或是目睹到其他人被愛糾纏得死去活來的人，卻都會對愛有所了解。只有熱戀中的人永遠都不知道可以從愛情中學到什麼，妳剛好就是這種人，是這種冥頑不靈，怎麼教都教不會的人。以後妳還是會繼續去愛的，繼續熱情如火地追尋愛，直到年歲超過我，而且依然無法弄懂愛的真諦時才會放手。……我覺得妳似乎有些不服氣，想要再和我爭論。」

她說話的口吻真像我，只見她提高了嗓門，眼睛裡火辣辣的，充滿激情，「我們習慣以愛為工具來慫恿自己做轉變嗎？這是因為我們很自私，心中只有自己嗎？是因為覺得除了情人之外，自己和任何人都無關嗎？或者愛是讓我們回歸到宇宙神秘法則的根源裡去？」

她把手放在我頭頂上，好像這麼做可以避免我犯錯，也彷彿在為我祝福。

「以後還會來看我嗎？還會和我整晚在一起聊天聊到天亮嗎？」突然之間，我的精神為之一振。

「有很多人在許久之前就認識了真愛而得到自由，甚至在妳出生之前就了解這一切

了！」她繼續說道：「我就是其中之一！」

「妳認識的都是我所無法學習到的……」

「愛這玩意兒太可怕了，」她說道：「它是野蠻的、抽象的，它只是在利用我們，利用那些迷惘的人而已。」

「但我覺得生命的本質就是這樣……」

「這只是冠冕堂皇的話，」她打斷了我，「甜言蜜語都是不可靠又可怕。」

「但我一些新認識的朋友卻不這麼認為，她們說愛是神聖的。」我終於有了笑的機會。

「妳新認識了一些朋友……」

「我剛剛才認識了一個叫做艾麗絲・葛拉漢的，她的想法比我的還要奇怪。她一點也不相信愛，也不認為愛能使兩個人成為佳偶，甚至覺得愛是過時的，是父權心態在作祟，還說女人離開男人後，會發現自己只有性愛而缺乏浪漫的心，會發現自己雖然變成了探險家，但卻已經沒有新大陸可供他們探索了。她除了告訴我這些之外，也讓我認識了很早以前就消逝的父權世界。」

「一個真正虔誠的信仰者不是為妳而存在的，妳會一一領教這些女人，找到一些自己從未發現過的東西。或許妳還會回來找哈達瑪，而她也可能會在歷盡愛情中的滄桑後，在那兒等著妳。不過，這麼做對妳們倆可說是一點好處也沒有。」

「好個憤世嫉俗的老太婆！」

「妳煩不煩啊！」她糾正我道，「換句台詞行不行！」

「但是我會找到自己所追求的，即使到最後無法成為別人的摯愛，我也無怨無悔。」

「多麼神聖的一番話啊！」她喃喃道：「我知道妳會成功的。」她沈默了片刻，又補充道：「可是今後妳得一個人了。」

「這表示新舊兩個世界要就此分道揚鑣？以後我們不會再徹夜漫談了？難道是因為我太過份了，所以連妳也不想再理我了？」

「妳還是會來探訪我們的，妳是個非常有自信的人，有沒有得到愛都沒什麼關係。」

「妳這是在和我道別嗎？」

「我說過了，妳會再來探訪我們的，可是以後妳對我所說的話，卻一定是我無法了解的。」

26 痛徹心扉

時光就像雪花一樣緩緩飄落，它飄忽不定，吹過人行道，然後紛亂糾結地沈積在地面上。不過，這並不表示記憶就從此消逝。

還依稀記得失去席娜時，整顆心像是被撕裂了一般的感覺，至此之後，我的人生就破碎了。如今那些名字和事實雖然還是存在著，但卻都已經沒有任何價值和意義了。那段愛把我折騰得死去活來，整個人也一小塊一小塊地被撕裂了。最後，我把這段難忘的過去封存起來，讓它變得一片空白，並離它遠遠的，永遠都碰觸不到，就好像我從未愛過女人似的。

在沒有被時光摧殘，或是沒有接受到時光洗禮的地方，任何東西都是不會改變的。如果把自己搖醒，如果回到自己的心靈深處，或是讓自己走動走動、做個深呼吸，再伸展一下肢體的話，就會注意到此刻生命裡最後一丁點的能量，正慢慢在流失。

因此，早晚我都會去向馬克斯尋求安慰，就像從前那樣，即使這樣做會讓他自滿，我也會拉下臉來。有朝一日，當我沒有他就無法完成任何事、就會困擾不已，甚至連謀生能力都成問題的時候，自然會吃回頭草。所以我在等待著，等待著這種情形發生，不過，卻一直都沒有發生。

每天清晨剛起床，我總會滿懷疑惑，不知道接下來這一天，接下來這一小時，或是接下來這一刻，讓我形銷骨毀的那股力量，會不會突然出現，不過，它卻始終沒有降臨。於是，我就會左顧右盼，然後發現有個東西正穿過脆弱和背叛的森林，向我悄悄貼近。我感到一陣天旋地轉，然後立刻一臉驚恐地跳了回來。不過到後來我卻發現，其實什麼事都沒發生，我仍是孤伶伶的一個人，根本沒有什麼東西匍匐在那兒等著我，我也沒有成為那個東西的獵物。

那幾個禮拜，我經常和艾蒂絲姑姑耗在一起。頭一個禮拜我們並沒有說多少話，她只顧著自已的花花草草，餵食愛貓，到花園裡澆澆水，或是為了那些玫瑰而大驚小怪。而我則坐在鞦韆上沈思默想，那股屈辱不時狠狠地向我撞過來，所有訊息都顯示我太天真爛漫了。哈達瑪是否也把這些訊息向馬克斯吐露？他們是否在那兒一起笑我癡、笑我

傻？他會得意洋洋的向我耀武揚威嗎？他為何輕易就能擄獲我心愛的女人？她怎麼就這樣隨便向他投懷送抱，把自己給了他？為什麼是他？因為他屬於我嗎？因為他是我的「再版」嗎？還是因為這一切都是他早就安排好的，而我只是個傻不隆咚的介紹人？……

不！我不相信。

緊接著而來的是孤枕難眠的日子，我經常在夜裡驚醒過來，然後發現自己孤伶伶地躺在床上，轉瞬間，一種淒涼寂寞的感覺襲上心頭，甚至比先前的屈辱感還要來得痛徹心扉。過去，每件事都是為了她而做的，而自己也都是為了她而活的，甚至還為了她而變成男孩、離開馬克斯、撇開這個家，置自己的安全和未來於不顧，如今，這個女人卻可能把我們過去一起說過的話和做過的事，都忘得一乾二淨。其他人呢？艾麗絲．葛拉漢，以及那些與我同台共舞過的女人呢？她們如今都像水中精靈般，不再具像了，而我也覺得我們之間的生活很虛幻。

就這樣，我木然坐在床上，凝視著窗外那片霧濛濛的景色。而這個時刻，我反而如釋重負地發現窗外那種僵硬、荒涼又飄浮不定的空洞感，正好反映著我的內心狀態。此外，我也意識到有一種輕快的東西正在向我招手，好像已經為此許下了承諾，可以不顧

一切地牢牢抓住這種烈日灼身的感覺。在開會的那幾天所建立起來的勇氣，足以對抗帶給我不少威脅的孤寂感，而我也開始再度出發去找女人，相信這樣的理由，可以讓我從失去哈達瑪的陰影中活下來。

或許男人不會像女人那樣，因為失去愛情而崩潰，也不會像我以前那樣，被一個叫席娜的女人給撕碎。我想席娜是世界上唯一愛過我的人，而如今我所變成的這種男人，也知道他的宿命就是去愛女人，如果失去女人，就應該立刻找其他的女人遞補。當我愛著席娜時，深深相信她是我今生唯一的愛人，從此再也不可能出現另一個像她一樣的女人了。然而一旦無法與她繼續維持下去，就沒有理由死纏著對方不放。

我曾深愛過席娜這個女人。

到了第二個禮拜，艾蒂絲姑姑堅持要我陪她住幾個晚上。當我躺在床上無法入睡時，她就會沖一杯熱牛奶給我，彷彿當我是個靜不下來的小娃兒，可愛又值得珍惜，不過卻需要大人的呵護和嬌寵。

到了第三個禮拜，我陷入了一種哀莫大於心死的恍忽狀態中，早上不願意起床，非得要艾蒂絲姑姑拿根鞭子，把我硬趕到花園去才行，不過，她交待我做的活，卻都被我

搞砸了。

到了第四個禮拜，我突然變得煩躁不安，整個花園被我弄得乒乒乓乓地，我有時猛然往樹上撞去，有時大聲咀咒，有時拿些小紙片寫信哈達瑪，寫完後再撕碎扔到花園裡。這時候，艾蒂絲姑姑總是站在旁邊無奈地搖著頭，或是把手指放在嘴唇上要我閉嘴。可是，我從來都沒哭過，只是不眠不休，幾近瘋狂地等待整件事慢慢落幕。那種事是所有談戀愛的人都得經歷的，而我之所以還能忍受下去，就是因為已經準備好要駕馭這一切了。

有一天晚上，艾蒂絲姑姑和我坐著一起閒聊。

「妳這麼輕易就放棄了？」她邊說邊拂了拂橡樹下的那張椅子。

「妳要勸我回到馬克斯身邊？這是不可能的，事情已經沒有轉寰的餘地，而我也不再是過去的那個人了，不但自己回不了頭，他也沒有要我再回去的理由。」

「他希望妳陷入困境，希望電話鈴聲響起，也一直在等待妳這個需要拯救的女人回頭去找他。去吧！試試看嘛，拿起電話撥撥看，只要妳肯靜靜地坐下來拿起話筒，他就一定會在電話的那一端守著……不過……我指的並不是馬克斯。」

「是哈達瑪？我放棄她了？就這麼輕易地放棄了哈達瑪？妳以為我這幾個禮拜是怎麼過的？我就這樣輕易地放棄了？妳怎麼可以這樣說呢？」

「這些日子妳寫給哈達瑪的信都寄了嗎？從妳回來後打過電話給她嗎？妳瞧瞧自己，已經完全放棄了，連一點鬥志都沒有，不敢挺身為自己的想法辯護，也沒提出自己的主張，甚至連一句憤怒的話也沒說出口。其實我對妳原本懷抱著許多的期望，但從沒想到妳會這麼輕易地放棄。」

「是妳說她永遠都不會做出打破傳統的選擇的，這是妳親口說的，而我也被妳說服了。」

「這是我說的沒錯，妳也可以說服她啊？」

「要我去說服她，讓她相信她對我的愛遠遠超過對馬克斯的愛？別開玩笑啦？」

「許多人都覺得妳很有說服力。」

「可是這樣做對我有什麼好處？即使我很了解我們之間的愛情，但哈達瑪卻不清楚，她如果不是少根筋就是故意忘記。每次我一走出大門，她就好像變成了另外一個人似的，等到下一次兩人再見面時，一切又得重新開始，才能再把她贏回來，或是再讓她

知道我這個人的存在。如果我們之間的那條路，在過去就很坎坷的話，如今又怎麼可能平坦得起來，對不對？」

「把妳對她的感覺老老實實地說出來嘛，這麼做的理由和贏得她或失去她無關，只和妳該說的話有關。我很了解妳，下半輩子一定會對發生在自己身上的事感到困惑，會讓妳心不甘情不願地和哈達瑪緊緊綁在一起，讓她就這樣把妳牽絆住。所以，妳必須要跟她說明白，而且我相信妳也一定會這麼做。」她的語調充滿不祥，「否則不管妳怎麼做，都算是懦弱與逃避！」

「我想妳大概早已對我厭煩了，其實妳可以跟我明說，我會立刻走人。」

「別說傻話了，依妳自己的意思去做妳該做的，其他的就甭管了。難道妳覺得自己會把下半輩子的光陰，都虛耗在一個老太婆身上嗎？」

「我喜歡這樣，妳對我一直很好……」

「夠了，我知道自己是哪塊料，」她吃力地撐起了沈重的身子，而語氣也同樣地沈重。在她走開之際，還拍了拍我的肩膀。

27 向背叛說再見

我把當初在聖塔芭芭拉寫給哈達瑪的信，統統寄給了她，心想大概還得等上一段很長的時間才會接到她的回音，不過，幾天之後我就收到她的回函。她在信上說，我的信讓人印象深刻，有很好的觀察力和想像力，而且還勉勵我一定要帶著自己的作品出去「闖盪江湖」才行，功成名就必定指日可待。最後也註明，只要我訂個時間想和她見面，她一定樂於赴約。

於是我帶著這封信找上艾蒂絲姑姑。

「妳還恨她嗎？」她啞然失笑，「現在妳終於有理由，可以不必再嘗試去恨她了。」

「讓我再安排一次約會？妳可以想像這會是什麼樣的場景嗎？我打個電話過去，她回了電，我們安排了會面的時間，不過到了最後一刻，另外一個人也一起加入這場『戰局』。碰面後她向我道歉賠罪，於是我們又安排了另一次的碰面，但到時候一定會發生

什麼緊急的事情，而她也還是那麼風姿綽約地向我表示歉意，這些過程就會這樣子，沒完沒了的持續下去。」

「妳忘了去哈達瑪家的那條路了嗎？妳的那把鑰匙呢？難道還得要找份地圖才能到她家去嗎？」

我知道馬克斯正在拜訪我們的朋友莉莉安，因此，我就一個人待在那間有著法式門窗，而且面對著花園的房間，靜靜等候著哈達瑪的出現。自從我成了「第三者」以後，一切都好像奇蹟似的存活了下來，而且歷經時間的洗禮後，似乎什麼都沒改變。

我認出了那條路，她就是從這兒打開那扇前門的，而且，我也可以認得她走路的聲音，更知道從我見到她的那刻起，一切又會重頭開始，而我也一定會再度愛上她。不久，我聽見她上樓的聲音，於是大聲叫她，等著她過來找我。

當她出現在門邊時簡直呆住了，不過立刻又裝出一副坦然自若的樣子，甚至好像在質疑我是否有權到她家裡來一樣，接著又尷尬地笑了笑，並且立刻就掌握了整個局面。只見她的態度優雅而從容，如果我從遠處觀察她的話，一定會留下好印象。

「我就知道會在這兒看到妳，凡是和妳有關的事，我從來就沒看走過眼。」她的口

吻好像在說我早就完成了「點召」，已經沒有權力再破壞她的生活。

我等了段很長的時間才開口說話，因為，我知道此刻我的靜默並沒有讓她安定下來。只見她狀甚悠閒地在屋子裡走來走去，這段令人尷尬的時光就這麼輕易地被打發掉了，接著，她又弄正了牆上的一幅畫，並且調好了大理石桌上的那個鐘。

「怎麼啦？」她也等待了好長一段時間才開口說話，但是臉並沒有轉過來面對我，「我已經準備好洗耳恭聽了。」

我早就準備好今天要說什麼，也早就把這些話寫在紙上、寫在報紙邊緣的空白處，或是餐巾紙上，然後塞到自己的背包裡，打算在無力應付時唸給她聽。我曾把我倆關係的過往歷史摘要地記下來，好像好幾代好幾代以來，就一直是這麼在「演出」似的。我要求她放棄一切，然後跟著我離開這兒。過去我曾經花了整個晚上從一家咖啡店到另一家咖啡店找她，等候她回家，也曾把共處時的每種絕佳、微妙及熱情洋溢的感覺一一寫下來，並且曾經和她一起回味昔日的快樂時光。

我知道她會靜靜的傾聽，把我的每句話都聽進去，而且會給妳留下很深刻的印象，覺得自己過去從沒碰到過這麼一位好聽眾。可是，她也會左耳進右耳出，馬上就把聽到

的話忘得一乾二淨。

不過這種認知也讓我能以更超然的立場來看待整件事，而不流於感情用事。

「妳以前曾一再告訴我，妳和馬克斯之間早就結束了。」她說完後就站在我前面，好像要與我一起面對每件事，可是接下去卻並沒有像以前那樣，坐在我對面的那個方枕頭上。還記得有個大白天，我像個沒頭蒼蠅似的，不停地在她家附近兜圈子，卻一直不得其門而入，後來她就坐在那兒告訴我到她家的捷徑。

突然她朝著我走近幾步，一副欲言又止的樣子，「妳得承認我事先求過妳回到他身邊，次數並不下於任何人，可說是再也沒有其他朋友能像我這麼仔細、這麼忠實了。而妳也再三地向我保證，妳和馬克斯之間早就結束了，那次數也多得連我都記不清楚了！」

「沒錯！」我很同意這點，看來還得花好一段功夫，才能再度信任眼前這個曾經讓自己依賴甚深的女人，「妳一直都是那麼地忠實可靠。」

「如果妳不要他，」她的聲音有些尖銳，好像是我惹她一肚子怒火似的，而且她似乎也知道這是個最佳的策略，「那為什麼連我也不准要？妳打算把他甩了之後就藏在自

己的背包裡，不准其他人碰嗎？我絕不會讓妳這麼做，我對你們兩個人都很照顧，也不許妳再這麼對他了。」

我可以看到她的青筋暴露，也注意到她的手正在微微顫抖著。這個時候，我記起了自己在幾個月前的三個「標準姿勢」：先是直挺挺的站立，然後毅然決然地向她走去，最後雙膝一跪。

「妳不能這麼做，」我邊說邊跪了下去，「即使是妳也不能，妳和馬克斯所做的一切是紙包不住火的。」

她握住我的手，然後慢慢舉起來並抵住她的腮幫子。

「我並不想失去妳。」她說得很大聲，在這間美麗的空屋子裡引起頗大的迴響，我想這大概是我最後一次見到她這樣了。

她開始啜泣，淚珠兒一顆顆慢慢地滴落，就像以前為史蒂芬落淚一樣。這些晶瑩剔透的淚珠先是在她眼眶中打轉，然後自眼角湧出，最後一顆顆「神氣十足」的緩緩滴落。以前我曾看她哭過許多回，可是只有這次是因為我而掉眼淚。

「妳不會失去我的，」我豪氣干雲地說道，因為，我很想相信她的話，「我們現在

只是朋友。」

她朝我笑了笑，還記得我倆剛認識時，還有那次在艾蒂絲姑姑家門外的階梯上互相追逐嬉戲時，以及後來哈達瑪似乎認不出我，並假裝相信我所說的都是標新立異的幽默時，她也是這麼朝著我笑的。

我曾把自己的許多祕密都告訴了眼前的這個女人，說的比其他任何人都要來得多。是因為我已無所失，還是因為我知道她永遠都無法嚴肅地面對我？

我們已經走到了盡頭，面對面地待在「出境室」裡，就等著揮手說再見了。哈達瑪仍然在哭，然後是一片沈寂，彷彿任何事都沒受到影響一般，已發生的事依舊發生，所說的或是所做的，也依舊在說在做。至於我們之間的關係也依然存在，依然有復合的可能。換言之，我們還可能一起裹在一條圍巾裡，然後靜坐在花園裡喁喁私語；還可能一起享用著乾杏仁，然後聊到東方既白；也可能由我陪伴著她彈彈鋼琴、唱唱歌。可是，我卻無法像其他男人那樣再做出那些動作，也無法照著她對我的期待行事，就讓一直存在於我們之間的那種，可以忍受的壓力畫上句點吧。不過她卻始終像一開始那樣，刻意的保持著曖昧與模糊，會讓我怦然心動，也會讓人產生難以靠近的疏離感。

然而現在，我已經知道該如何得到她，知道她的姿勢或動作所代表的意義，更了解她那種經常不假思索，以及妄自尊大的特質，好像我要她是因為要幫她忙似的。我只要假裝她得到了所有的榮寵、被我納過貢，我就可以拉起她的手、摟著她的香肩、撫弄著她秀髮、把她拉到身邊，用手臂環住她的纖腰，將身子靠過去，並俯首笑望著她，就因為我是男人，我需要她。

不過，那種遭到背叛的感覺，卻依然讓我痛徹心扉，那種很想報復的心理也始終占據在我心頭，甚至硬要自己相信她的確虧欠我什麼。到最後我確信自己得展開佔有行動，而且也確信自己擁有這種力量，因為，男孩子本來就該挺身為他的承諾奮鬥，直到完全實現才罷手。

我經歷過那種行動的自由，就像陷入沈醉狀態中，意識不清，輕率地向前猛衝一樣，當它全力發揮出自己的情欲潛能後，就會改變眼前的這一刻。我注意到她的眼睛閉起來，眼簾微微哆嗦著，這等於承認她曾經背叛過我，只是始終沒在我面前坦白招認，所以她的下巴才會明顯的顫抖著。接著，她的嬌軀向我靠了過來，頭微微傾斜，雙手緩緩張開。她想靠在我身上做出這些動作，以為這樣就可以將我們之間的愛戀關係一腳踢

開，讓一切都消失得無影無蹤。我當然可以配合她，但此刻我不想這麼做，於是這個「男孩子」站起來準備離開。

我忽然看到她的眼睛一張，用一種驚異地、狂暴地，而且帶著一種不肯原諒我的幽怨眼神望著我。這是轉瞬之間發生的事，連一剎那都不到，只是她得花些時間去推敲我會不會是因為害羞，而不敢採取什麼行動。不過坦白說，她這樣做只會讓我就此縮手，只會讓我不再採取行動，只會讓我拋開男人的遲疑不決，無法做選擇，甚至不想做選擇的本性。

我已經為了自由而做好準備，如果此刻我把手放在她身上，就表示過去的一切都白白犧牲了。現在，我擁有過人的眼光和想像力，曾對自己許下過承諾要做個成熟的男人，而且，也對此懷有深深的期待。因此，我已經是個可以解脫一切的自由人，可以粗魯地解除所有的束縛。

我們正往門邊走去，這條路過去就經常在我記憶中出現，看不出它和過去有什麼不同。

哈達瑪輕輕地把門打開，在猶豫了半刻之後隨著我一同步出家門，之後又猛然轉身

奔回屋子，並小心翼翼地關起了門，接著又走到音樂室的那扇窗戶邊，目送著我離開。我知道如果我在此時回首凝望，她勢必無法抗拒我的柔情攻勢，而我也勢必無法再度抗拒她，我會再度投入她的懷抱。這時的她卻好像受到了沈重的打擊，只見她一手放在厚重的窗簾上，並哀痛地將另一隻手貼在玻璃上——如果此時我不顧一切地奔回屋內，一把攫住這個毀了自己的女人，相信她也不會拒絕我。

一陣疾風猛然而至，我並沒有被撕裂成一片一片的，雖然身體有些搖晃，但雙腿仍昂然挺立著。我快步走開，沒去想自己是否該回頭，或是否仍可以回頭，甚至是否想要回頭——回到這種連自己後不後悔都無法說出口的日子。

28 永不停止的追尋

我經常會想到關於哈達瑪的種種，即使和其他女人展開新的人生，她的身影也始終在我腦海中揮之不去。我曾把哈達瑪的事告訴過艾麗絲‧葛拉漢，也告訴過另一個和我相知相惜的女人小雨。艾麗絲和小雨就像我所描述的那樣，渾身熱力四射、固執、占有欲強，只把注意力放在一個女人的身上。自從和其他女人生活過一段很長的時間後，我就有所超越，並且具備了父權的心態，不過，這兩個女人在我心目中的地位仍未曾稍減。她們對於我的情欲冥想中，有關愛的部份都沒什麼興趣，也沒有把它視為轉變的力量，因此，她們常取笑我太浪漫了，不過，我變為男孩子的事卻從沒有告訴過她們兩人。

記得那天晚上在海邊，哈達瑪因為不能和我同行，又放心不下讓我單飛，而對我投懷送抱。我常在想，如果我那時候吻了她，不知道會怎麼樣？那天晚上我開著她的車送

她回家時，她曾把頭枕在我的肩膀上。不過直到陪著她走上她家門前的階梯，把鑰匙交給她，我始終都沒說半句話。

如果那天晚上我吻了她，會怎樣呢？如果我慫恿自己發揮男孩的優勢，又會怎樣呢？

當時，哈達瑪就曾說：「我有預感妳會離我遠去。」

而我則回答說：「我只是開四個小時的車，去海邊一趟而已。」

「沒錯，」她重複道：「開四個小時車到一個我無法跨越的門檻去。」我覺得當時她就略顯猶豫，似乎在等待著我採取行動。

小雨和艾麗絲對於這種情況則有不同的反應，小雨覺得我應該什麼廢話都不必說，也不必再等待什麼，就直接把她帶到花園去，引她進入父權式的愛情之中，其實小雨很清楚哈達瑪想要從我這兒拿到什麼。至於艾麗絲則覺得我得敏感些才行，這樣才能了解哈達瑪為何會顯得猶豫不決，而且千萬不可急著把她推到什麼結論裡。

「我們都了解哈達瑪這種女人，」她說道：「她們常站在十字路口，好像已經準備好要跟著妳走，然而在瞬間又把妳帶到另一條沒必要走的漫漫長路上，但如果沒有這條

漫漫長路的話，妳也就永遠不會發現自己雖然一路上都走在她們前面，可是到頭來她們還是不會與妳同行。這種女人總是在逃避什麼，讓人無從捉摸，對妳揮之即來，呼之即去，而且永遠也弄不清友誼與熱情間的界限在哪裡。總之這些女人會搞得妳心碎，而這破碎的心在得到修補之前，是需要一個嶄新的人生的，妳這大半輩子都身為其他男人的女人，」她滿足地笑了笑，「不過我認為以後妳會愛上女人。」

長久以來，我一直有個疑惑，那就是如果行事像個天生的男孩——身著水手服、蓄短髮，保持苗條精瘦的身材以及對女人的熱情——而不是似是而非的話，不知道我的人生會變成怎麼樣？甚至在對任何人都絕口不提哈達瑪之後，這個疑惑仍迴盪在我心中。如果老是「半調子」的話，勢必永遠學不到「部落意識」，永遠學不會與別人共處，永遠學不會如何減低自己的佔有欲，當然，也勢必無法從艾麗絲、小雨和其他人那兒學到任何事情。

最後，事實證明艾蒂絲是對的，馬克斯和哈達瑪雖然經常黏在一起，可惜時間並不長，最後馬克斯暗示哈達瑪，由於最近才和我分手，不適合再與她頻頻見面，雙方因此勞燕分飛。

哈達瑪就這樣被激怒了，於是離開了他，從那時起，雙方就永遠沒再見面。雖然我們都住在同一個城市，但他們雙方一直避不見面。

幾年後，她嫁給了一個來自沙菲市的藝術收藏家，那傢伙多金，可是風流韻事不斷，於是她又離開他而回到柏克萊的家中。馬克斯自從與哈達瑪分手後，就從未聽過她的消息，他們兩人就像是斷了線的風箏，而我本人則在她回來後的幾個禮拜，收到一張她親手做的精美卡片，很顯然，這是暗示我可以去她那兒看她，只是沒有真正出面邀請。我很想去，但或許是害怕會舊事重演而作罷。

或許在我們最後一次碰面時，她並沒有拒絕我的意思，但我也沒有採取進一步行動，就這樣，我們都放棄了，不再努力，而我也一直安於現狀。因為，我已經不再相信任何人了，同時也抱持寧缺勿濫的態度，不願意隨便找個人來濫竽充數，以免第二天早上便遭到遺棄，或讓自己悔不當初。

男孩子本身就像我過去所一直強調的，是個過渡性質的人物，當他達到成就的最高點時——擁有付諸行動的能量、自由自在之身，以及可以選擇自己所想要的東西時，便會義無反顧地去追求自己的未來。如果他是持續往前衝的那種類型，未來就一定會經歷

到一種更玄奧、更具強制性的情欲力量，在程度上將超過自己所擁有的任何一種力量。當他可以擁有弱水三千時，怎麼會甘於只取一瓢飲？而當他身邊有新人可以取代時，為什麼還要叫他反覆忍耐？身為一個男孩，他會意識到自己所發展出的那股力量是無情的推手，可以幫助他許下承諾，可以解放他，可以賦予他選擇權和各種機會。如此一來，事情只會漸入佳境，不過，只要有一樣東西沒有到手，他就不會定下心來。

之後他會怎樣呢？會永遠做個男孩子嗎？會變成一個敏感的大男人，甚或成為一個女人？或許有種新的女性，只存在於男孩子的轉變階段中。

至於我，似乎一直都知道有股偉大的愛正在為我儲備著，如果對象不是哈達瑪，那也一定是其他人。我只要出發前往尋找，並且不斷地尋找，永不停止，直到真正的愛降臨就行。如果我夠精明，肯堅持到底，而且擁有足夠的熱情突破現狀的話，那我知道遲早都會找到一個可以傾訴這個故事的愛人同志。

廣　告　回　函
台北北區郵政管理局登記證
北台字第12746號

高談文化 讀者回函 收

地址：台北縣新店市中正路566號6樓

電話：（02）2726-0677　傳真：（02）2759-4681

E-MAIL:c9728@ms16.hinet.net

地址：

姓名：

請沿虛線剪下，填妥寄回即可，免貼郵票

《我不要當女人》

高談/宜高文化讀者回函卡

謝謝您購買我們出版的好書！為提供更好的服務，請填寫本回函卡並寄回給我們（免貼郵票），您就成為高談/宜高的貴賓讀者，可以不定期獲得高談/宜高出版書訊，並優先享受我們提供的各項優惠活動！

書名：我不要當女人

姓名：＿＿＿＿＿＿ 性別：□男□女 生日： 年 月 日

通訊地址：＿＿＿＿＿＿＿＿＿＿

e-mail: ＿＿＿＿＿＿＿＿＿＿

電話：（ ）＿＿＿＿＿＿＿＿

身分證字號：＿＿＿＿＿＿＿＿

您的職業：□學生 □軍警公教 □服務業 □家管 □金融業

□製造業 □大眾傳播 □SOHO族 □其他

教育程度：□高中以下（含高中）□大專 □研究所

購買書店：＿＿＿＿＿＿＿＿

您從何處得知本書消息（可複選）：

□逛書店 □報紙廣告 □廣告傳單 □報章書評

□廣播節目□親友介紹 □網路書店 □其他 ＿＿＿＿

您通常以何種方式購書？

□傳統書店 □連鎖書店 □便利商店 □量販店

□劃撥郵購 □信用卡訂購 □網路購書 □其他 ＿＿＿＿

請針對下列項目為本書打分數，由高至低（5-1分）。

	5	4	3	2	1		5	4	3	2	1
1.內容題材	□	□	□	□	□	2.編排設計	□	□	□	□	□
3.封面設計	□	□	□	□	□	4.翻譯品質	□	□	□	□	□
5.字體大小	□	□	□	□	□	6.裝訂印刷	□	□	□	□	□

您對我們的建議：

請沿虛線剪下，填妥寄回即可，免貼郵票